# DIVERTILAND

- Disfraces y maquillaje
- Cocina fácil
- Manualidades divertidas
- Juegos con los amigos

**LIBSA**

© 2008, Editorial LIBSA
C/ San Rafael, 4
28108 Alcobendas (Madrid)
Tel.: (34) 91657 25 80
Fax: (34) 91657 25 83
e-mail: libsa@libsa.es
www.libsa.es

Textos: Blanca Castillo / Fernando Martínez
Ilustración: Miguel Ángel Argudo
Edición: L. Maeso / M. Mañeru

ISBN: 978-84-662-0666-2

# DISFRACES Y MAQUILLAJE

# 🌸 1. Hada de las flores

## La primavera... ...la sangre altera

**Dobla una sábana vieja en dos y recorta un redondel en la parte de arriba para meter la cabeza**

**1**

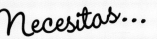

### Necesitas...

- Una sábana vieja
- Tijeras
- Papel de seda de colores
- Una grapadora
- Maquillaje de teatro

**Se dobla tres veces un cuadrado de papel de seda. Con la parte cerrada se forma un acordeón y se grapa**

**2**

**Cuando tengamos todas las flores multicolor confeccionadas, las grapamos a la sábana vieja**

**3**

**Con pinturas de teatro hacemos un redondel en las mejillas de color blanco**

**4**

Coge una sábana vieja y hazle un agujero para meter la cabeza. Pliega varios cuadrados de papel de seda multicolor hasta tres veces, toma la parte que no se puede abrir y dóblala en forma de acordeón. Luego, grápala para que no se escape y abre los pétalos de la flor, separándolos uno a uno. Después grápalas a la sábana. ¡Ah, y no te olvides de la diadema! El maquillaje saldrá perfecto con barras de teatro porque tienen la forma redonda que tú necesitas para decorarte con margaritas.

# 2. Hada de los frutos

## ¡A cosechar tocan!

Doblamos una vieja sábana por la mitad y recortamos la parte de arriba en forma de círculo para meter la cabeza

**1**

### Necesitas...

- Una sábana vieja
- Tijeras
- Un cartón duro
- Ceras de colores
- Una grapadora
- Maquillaje de teatro

Sobre un cartón duro dibujamos y pintamos con ceras de colores diferentes frutos

**2**

Con sumo cuidado recortamos los frutos y los grapamos a la sábana

**3**

Con barras de teatro maquillamos nuestros mofletes, dibujándonos sendas fresas

**4**

Haz un agujero por el que meter la cabeza en una sábana vieja. Luego coge un cartón duro y pinta sobre él distintas frutas: plátanos, fresas, cerezas... Coloréalas con ceras para que queden más llamativas. Recórtalas y grápalas a la sábana. Si mamá te deja, coge un sombrero viejo y decóralo con piñas, limones y plátanos. Con barras de teatro las fresas de la cara te quedarán… ¡que ni pintadas!

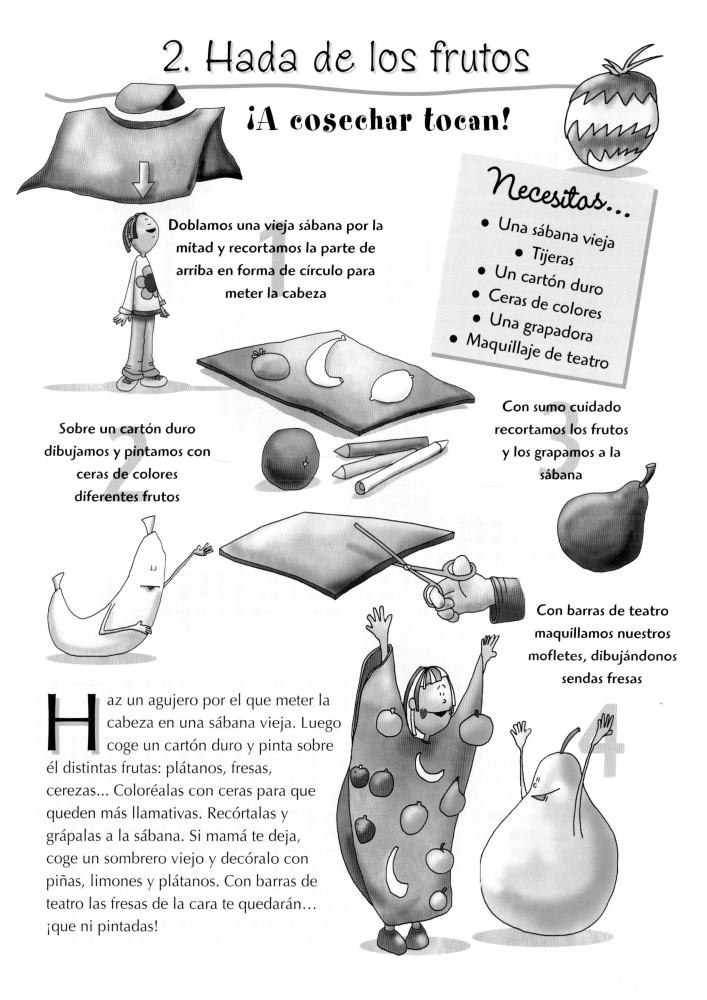

# 3. Hada de las hojas

## ¡El otoño ya ha llegado!

Coge una sábana vieja, dóblala en dos y recorta un redondel para meter la cabeza

**1**

Ve al parque y recoge varias hojas que aún no estén secas

**2**

### Necesitas...

- Una sábana vieja
- Hojas frescas
- Alfileres (¡cuidado, que pinchan!)
- Pintura verde de *spray*
- Maquillaje de teatro

Rocía con pintura verde de *spray* toda la sábana

**3**

Píntate un antifaz verde en la cara

**4**

De nuevo una sábana vieja nos sacará de apuros. Después de recortar la forma que nos permitirá meter la cabeza, prendemos con alfileres varias hojas frescas, cogidas previamente en el parque, y luego la rociamos entera con pintura de *spray* color verde. Cuando esté seca la pintura, procedemos a quitar todas las hojas con mucho cuidado para no pincharnos con los alfileres y... ¡ya está! Si quieres, también puedes llevar un cesto de mimbre con todas las hojas recogidas en el parque. El maquillaje está chupado: necesitas un perfilador color verde oscuro y una barra de pintura verde clarito. Copia el dibujo para hacer el antifaz y... ¡disfruta de la fiesta!

# 4. Hada de la nieve

## Necesitas...

- Algodón
- Pegamento
- Una ramita
- Purpurina
- Maquillaje de teatro
- Polvos de talco o harina

## El invierno ya está aquí

**1** Coge algodón del botiquín de casa y haz muchas bolitas, más o menos del mismo tamaño

**2** Ve a dar un paseo por el parque y elige una rama caída con una forma que te guste

**3** Píntate la cara toda de blanco con barra de teatro y espolvoréate polvos de talco en el pelo

Para ser una auténtica dama de las nieves, sólo tienes que llenar una vieja sábana con bolitas de algodón que irán firmemente pegadas con pegamento. Luego, date una vuelta por el parque, elige una rama caída, pon en uno de sus extremos una gran bola de algodón y obtendrás una varita mágica. Si quieres, puedes adornarla con purpurina. Luego maquilla tu cara con barra de teatro color blanco y tu pelo con polvos de talco o en su defecto harina.

# 5. Pirata Morgan

## ¡Al abordajeeeee...!

### Necesitas...

- Cuero o fieltro y un cordón
- Tijeras
- Dos listones de madera
- Pegamento
- Papel de lija para madera
- Una cuerda para el cinturón

**1** Recorta un trozo de cuero o de fieltro de la misma forma que ves en el dibujo

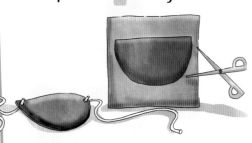

**2** Coge dos listones de madera, uno el doble de largo que el otro. Pega el más corto transversalmente en uno de los extremos del largo

**4** Con una cuerda, puedes hacerte un cinturón «marinero»

**3** Da forma de punta al extremo libre del listón largo, utilizando papel de lija para madera

Si quieres ser el más temido pirata de los mares del sur, ponte una camiseta a rayas y tu vaquero deshilachado. Para hacer el cinturón de cuerda, el parche de cuero o fieltro atravesado con un cordón y una espada de madera, debes leer las instrucciones y.... ¡ya estás listo para el abordaje!

# 6. Gorro de dormir y cara de sueño

## ¡Vamos a la cama, que hay que descansar!

### Necesitas...

- Un trozo de tela
- Pegamento o aguja e hilo de coser
- Una goma elástica
- Un pompón de lana o una pelota de ping-pong
- Maquillaje de teatro

**1** Enrolla un trozo de tela en forma de cono

**2** En la punta del cono cosemos o pegamos un pompón de lana o una pelota de ping-pong

**3** Con una barra de teatro azul pintamos dos rayas bajo los ojos y las difuminamos con un dedo

**122**

Para hacer una fiesta somnolienta hace falta un «traje de noche» adecuado. Debes ponerte un pijama (o camisón) y unas zapatillas de andar por casa. Con un trozo de tela hacemos el gorro de dormir, enrollándolo hasta formar un cono; cosemos o pegamos el lateral y ponemos una goma en la base del cono para ajustarlo a la cabeza. En la punta del gorro pegamos un pompón de lana o una pelota de ping-pong. Las ojeras a causa del tremendo sueño las hacemos pintando una raya azul bajo los ojos con una barra de maquillaje de teatro y difuminando con el dedo.

¡Felices sueños!

# 7. Gato ron-ron

## ¡Miauuuu!

**1** Te van a hacer falta unas mallas y una camiseta negras

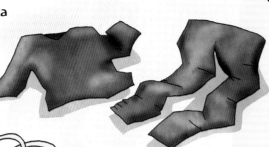

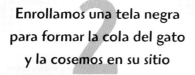

**2** Enrollamos una tela negra para formar la cola del gato y la cosemos en su sitio

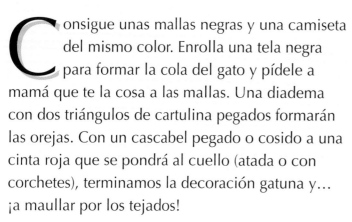

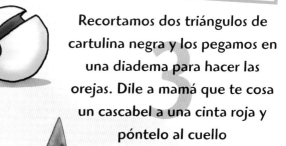

**3** Recortamos dos triángulos de cartulina negra y los pegamos en una diadema para hacer las orejas. Dile a mamá que te cosa un cascabel a una cinta roja y póntelo al cuello

**4** Con barras de teatro se pinta una naricilla negra o marrón oscura y unos largos bigotes gatunos

Consigue unas mallas negras y una camiseta del mismo color. Enrolla una tela negra para formar la cola del gato y pídele a mamá que te la cosa a las mallas. Una diadema con dos triángulos de cartulina pegados formarán las orejas. Con un cascabel pegado o cosido a una cinta roja que se pondrá al cuello (atada o con corchetes), terminamos la decoración gatuna y... ¡a maullar por los tejados!

# 8. Bruja Piruja

## ¡Venid niños, venid... je, je, je!

### Necesitas...

- Un trozo de tela negra
- Aguja e hilo para coser
- Una goma elástica
- Una escoba
- Maquillaje de teatro

**Enrolla un trozo de tela negra para formar un cono. Pídele a mamá que te lo cosa y que le ponga una goma en la parte ancha**

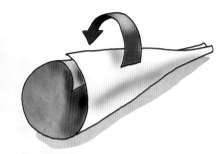

**Consigue una escoba para poder viajar a las reuniones de las brujas**

**Dobla por la mitad una tela negra y haz un agujero para meter la cabeza**

**Pinta unas ojeras marrones bien difuminadas y unas verrugas peludas y horribles por toda la cara**

Cogemos una tela negra (mejor se la pedimos a mamá) y la doblamos en dos. Hacemos un agujero redondo en el medio para meter la cabeza. Con un trozo de tela también negra hacemos el gorro, enrollándolo hasta formar un cono (si es muy alto, meteremos dentro un cono de cartón para que se quede derecho). Cosemos o pegamos el lateral y ponemos una goma en la base del cono para ajustarlo a la cabeza. Las ojeras se hacen pintando una raya marrón bajo los ojos con una barra de teatro y difuminando con el dedo. Las verrugas se consiguen con puntos marrones pintados con una barra de teatro, adornados con pelos pintados con un lápiz de ojos negro.

# 9. Fantasmón horrible

## ¡Si miedo te da el fantasma, anda, anda...!

**1** Ponte encima una vieja sábana y dile a mamá que dibuje dos círculos en el lugar donde están tus ojos. Después recórtalos para poder ver

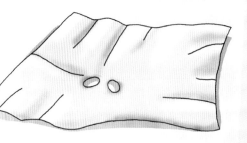

### Necesitas...

- Una sábana vieja
- Tijeras
- Cartulina negra
- Pegamento o grapadora
- Periódicos viejos y papel de cocina
- Cola blanca
- Pintura negra y brocha

**2** Recorta varias tiras de cartulina negra de 2 x 10 cm y pégalas en forma de cadeneta

**3** Haz una gran bola de papel con periódicos viejos, dale cola blanca con una brocha y píntala de color negro

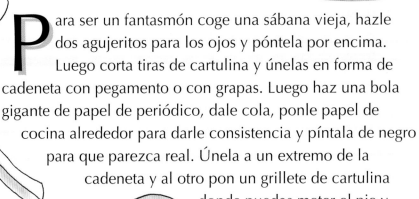

Para ser un fantasmón coge una sábana vieja, hazle dos agujeritos para los ojos y póntela por encima. Luego corta tiras de cartulina y únelas en forma de cadeneta con pegamento o con grapas. Luego haz una bola gigante de papel de periódico, dale cola, ponle papel de cocina alrededor para darle consistencia y píntala de negro para que parezca real. Únela a un extremo de la cadeneta y al otro pon un grillete de cartulina donde puedas meter el pie y... ¡el susto está asegurado!

# 10. Terrorífico hombre lobo

## ¡Auuuuuuuuuu!

### Necesitas...

- Ropa vieja
- Tijeras
- Pegamento
- Lana marrón y negra
- Cartulina marrón
- Maquillaje de teatro

**1** Pídele a mamá ropa vieja y hazle agujeros

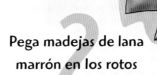

**2** Pega madejas de lana marrón en los rotos

**3** Con lana marrón y negra te haces una peluca

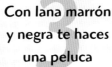

**4** Recortamos diez uñas horribles de una cartulina

Hacemos unos agujeros en una ropa que esté vieja (pregúntale a mamá). En los rotos pegamos mechones de lana marrón. Con más lana marrón (y si quieres, un poco de negra bien mezclada) te haces una peluca: cogemos varias madejas de lana de unos 30 cm de largo, las atamos juntas por un extremo (el flequillo) y las dejamos sin atar por el otro, recortando el doblez de la lana para que parezca pelo. Pintamos y recortamos diez uñas de una cartulina, y cuando estén bien horribles nos las pegamos sobre las nuestras. Pintamos la nariz de negro con barra de teatro, llenamos la cara de pelos con barra marrón y lápiz negro y... ¡cuidado con la luna llena!

# 11. Princesa traviesa

## ¡Princesa traviesa, Boca de Fresa!

### Necesitas...
- Una cartulina
- Tijeras
- Pegamento
- Papel charol
- Unas mallas rosas
- Una goma elástica
- Maquillaje de teatro

Haz un cono de cartulina, córtalo, pégalo y adórnalo con flores de papel charol. Pégale un tul en la punta **1**

Ponte una malla rosa y que mamá te haga una falda de tul frunciéndola con una goma. Adórnala con flores como el gorro **2**

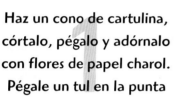

Con barras de maquillaje date una base blanca en toda la cara, pintando de rosa suave tus mejillas, tu frente y la punta de tu nariz. Los párpados póntelos de color verde claro **3**

Sobre las mejillas dibuja flores de colores, pon purpurina verde sobre los párpados y píntate una boquita pequeña en forma de fresa **4**

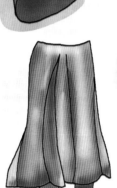

L a princesa Boca de Fresa era traviesa porque se negó a besar a una rana que vivía en un charco de los jardines de palacio. La rana aseguraba que era un príncipe encantado, pero ella, como era traviesa, no le hizo caso y se fue a jugar con sus amigos después de vestirse con sus mejores galas. Para conseguirlo sólo tienes que leer las instrucciones: ponte una malla rosa, una falda de tul, flores de papel charol y un capirote con velo que tú misma puedes hacer utilizando una cartulina. ¡Suerte!

# 12. Marciano tremendo

## ¡Terrícolas ser tipos muy feos!

**1** Recortamos una ventana en un lateral de una caja de cartón y lo sustituimos por un celofán transparente

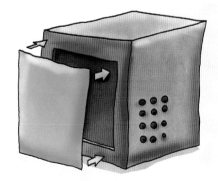

**2** Seguro que por casa hay algún cinturón y unas pistolas de aspecto venusino. También hay que conseguirle unas antenas al casco espacial, como una espumadera vieja

### Necesitas...

- Tela dorada
- Una caja de cartón
- Tijeras
- Pegamento
- Celofán transparente
- Una espumadera vieja o un colador
- Un cinturón viejo y unas pistolas de juguete
- Maquillaje de teatro

**3** La cara se pinta de verde con barras de maquillaje de teatro

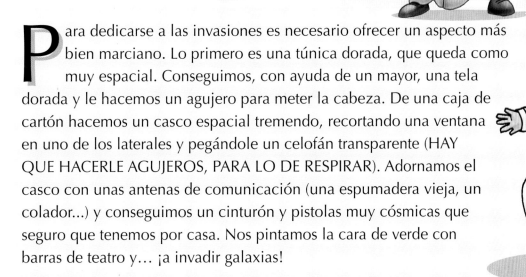

Para dedicarse a las invasiones es necesario ofrecer un aspecto más bien marciano. Lo primero es una túnica dorada, que queda como muy espacial. Conseguimos, con ayuda de un mayor, una tela dorada y le hacemos un agujero para meter la cabeza. De una caja de cartón hacemos un casco espacial tremendo, recortando una ventana en uno de los laterales y pegándole un celofán transparente (HAY QUE HACERLE AGUJEROS, PARA LO DE RESPIRAR). Adornamos el casco con unas antenas de comunicación (una espumadera vieja, un colador...) y conseguimos un cinturón y pistolas muy cósmicas que seguro que tenemos por casa. Nos pintamos la cara de verde con barras de teatro y... ¡a invadir galaxias!

# 13. Luna lunera

## ¡Luna lunera, cascabelera!

### Necesitas...

- Unas mallas y unos guantes negros
- Cartón
- Tijeras y pegamento
- Cintas
- Cascabeles
- Aguja e hilo para coser
- Tela blanca
- Maquillaje de teatro

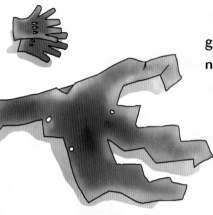

**1** Necesitas unas mallas y unos guantes negros (la luna sale de noche). Puedes salpicarlos con purpurina plateada, como si fueran estrellas

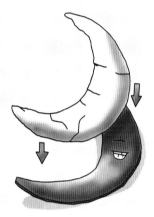

**2** Cortamos una gran media luna de cartón y le pegamos una tela blanca. Ponemos unas cintas para sujetarla a los brazos y a la cintura

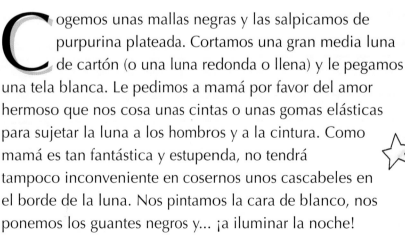

**3** Le pedimos a mamá que nos cosa cascabeles en el borde de la luna

**4** Con una barra de maquillaje de teatro blanca nos pintamos la cara

Cogemos unas mallas negras y las salpicamos de purpurina plateada. Cortamos una gran media luna de cartón (o una luna redonda o llena) y le pegamos una tela blanca. Le pedimos a mamá por favor del amor hermoso que nos cosa unas cintas o unas gomas elásticas para sujetar la luna a los hombros y a la cintura. Como mamá es tan fantástica y estupenda, no tendrá tampoco inconveniente en cosernos unos cascabeles en el borde de la luna. Nos pintamos la cara de blanco, nos ponemos los guantes negros y... ¡a iluminar la noche!

# 14. Sol solete

## ¡El astro rey!

### Necesitas...

- Unas mallas amarillas o naranjas
- Un cartón
- Tijeras y pegamento
- Papel pinocho amarillo y naranja
- Cintas
- Maquillaje de teatro

Consigue unas mallas amarillas o naranjas

**1**

Cortamos un círculo de cartón y lo decoramos con rayos de papel pinocho amarillos y naranjas

**2**

Nos pintamos la cara en amarillo y naranja como un rayo más del sol

**4**

Ponemos a nuestro sol cintas para sujetarlo a la cintura y a los hombros

**3**

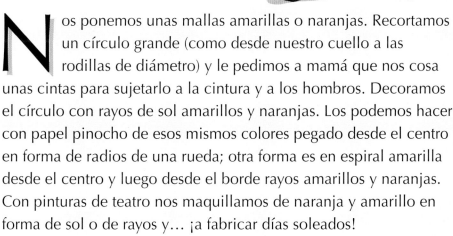

Nos ponemos unas mallas amarillas o naranjas. Recortamos un círculo grande (como desde nuestro cuello a las rodillas de diámetro) y le pedimos a mamá que nos cosa unas cintas para sujetarlo a la cintura y a los hombros. Decoramos el círculo con rayos de sol amarillos y naranjas. Los podemos hacer con papel pinocho de esos mismos colores pegado desde el centro en forma de radios de una rueda; otra forma es en espiral amarilla desde el centro y luego desde el borde rayos amarillos y naranjas. Con pinturas de teatro nos maquillamos de naranja y amarillo en forma de sol o de rayos y… ¡a fabricar días soleados!

# 15. Duende Perejil

## ¡Perejil, jil, jil, sal de tu escondite y ven aquí!

### Necesitas...

- Unas mallas y una camiseta de color verde
- Fieltro verde
- Tijeras y pegamento
- Cartón
- Un cinturón marrón
- Zapatillas de gimnasia verdes
- Perejil en rama
- Maquillaje de teatro

Lo primero es hacernos con unas mallas y una camiseta verdes

**1**

Hacemos un cono de fieltro verde y lo reforzamos por dentro con cartón.
Lo pegamos por el borde y ponemos un perejil en la punta

**2**

Nos ponemos un cinturón marrón ancho y completamos el atuendo con unas zapatillas de gimnasia verdes

**3**

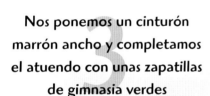

El maquillaje es una base verde muy suave

**4**

Para ser un auténtico y genuino duende Perejil, necesitas una ramita de… claro, de perejil. Bueno, eso y alguna que otra cosilla, como unas mallas y una camiseta verdes (puede ser un pijama verde de esos elásticos). Para el sombrero hacemos un cono de fieltro verde y lo reforzamos por dentro con cartón, dejando que la punta se doble y cuelgue. Lo pegamos por el borde y, después, a ponerle el perejil en la punta. El maquillaje de duende Perejil consiste en una suave tonalidad verde por toda la cara.

# 16. Alicia

## ¡Que le corten la cabeza!

## Necesitas...

- Papel pinocho de color azul
- Pinturas
- Tijeras y pegamento
- Una cinta
- Maquillaje de teatro

**1** Recorta el cuerpo del vestido en papel pinocho de color azul y ponle unas mangas de farol

**2** Para hacer el delantal sólo necesitas dos rectángulos unidos por una cinta.
Una vez que hayas dibujado y recortado los corazones, pégalos al delantal

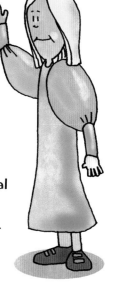

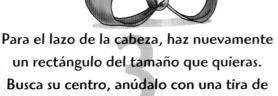

**3** Para el lazo de la cabeza, haz nuevamente un rectángulo del tamaño que quieras. Busca su centro, anúdalo con una tira de papel y estira bien los extremos

**4** Con una barra de pintura roja de teatro dibújate los corazones de las mejillas y de la nariz

Recorta el cuerpo del vestido en papel pinocho de color azul. Luego recorta un rectángulo grande y frúncelo grapándolo al cuerpo. Para hacer el delantal, sólo necesitas dos rectángulos (uno más pequeño que otro). Uno lo pones en horizontal y el otro en vertical y entre medias pon una cinta para podértelo anudar a la cintura. Una vez que hayas dibujado y recortado los corazones, pégalos al delantal. Haz nuevamente un rectángulo del tamaño que quieras que sea el lazo que llevarás en la cabeza. Busca su centro y anúdalo con una tira de papel. Estira bien los extremos para que quede elegante. Con una barra de pintura roja de teatro dibújate los corazones de las mejillas y de la nariz. Si no eres rubia y no tienes el pelo largo, puedes hacerte una peluca de lana gruesa de color amarillo.

# 17. Caperucita Roja

## ¡Abuelita, abuelita, qué boca más grande tienes!

### Necesitas...

- Una tela roja
- Pinturas
- Tijeras
- Aguja e hilo para coser
- Lana amarilla
- Maquillaje de teatro

**1** Dibuja una caperuza y una capa (papá y mamá tienen que tomarte las medidas)

**2** Recorta lo que has dibujado y dile a mamá que cosa la caperuza a la capa y haga dos aberturas para sacar los brazos a través de ella

**4** Con una barra roja de maquillaje de teatro, ponte los coloretes y píntate unas pecas con un perfilador marrón

**3** Puedes hacer la peluca trenzando lana amarilla y cosiéndola a la caperuza

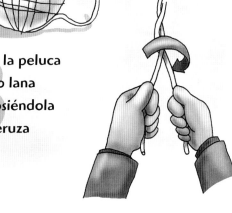

Y ya sólo queda la cesta de mimbre para llevar comidita a tu abuela. Un poco de tela, un poco de lana y muchas ganas de jugar es lo que necesitas para meterte en el cuento. Ah, y cuando vayas por el bosque no olvides cantar la canción: «¿Quién teme al lobo feroz, lobo feroz, lobo feroz...?»

# 18. Peter Pan

## ¡Peter Pan a los niños perdidos encontrará!

**1** Dibuja un triángulo cuya base debe medir lo mismo que el perímetro de tu cabeza, recórtalo, pégalo y adórnalo con la pluma

## Necesitas...

- Una pieza de fieltro verde
- Aguja e hilo para coser
- Tijeras y pegamento
- Una pluma
- Unos *pantys* verdes
- Maquillaje de teatro

**2** Dibujamos una camiseta con nuestras medidas (mamá o papá tienen que tomártelas), con picos en las mangas y en la parte baja. Luego la recortamos y la cosemos dándole al cuello forma de pico

**3** Dile a mamá que te compre unos *pantys* de color verde

**4** Usa una barra de pintura de teatro para darle a tu cara un ligero color verde y píntate unas pecas en los mofletes

**P**eter Pan no quería crecer porque el mundo de los niños es estupendo. Con la ayuda de papá y mamá, una gran pieza de fieltro verde, unos *pantys*, maquillaje, y un poco de imaginación, podrás trasladarte al país de Nunca Jamás.

# 19. El hombre araña

## ¡Hola, trepamuros!

### Necesitas...

- Unas mallas y una camiseta rojas
- Pintura para tela de color negro
- Tela negra
- Tijeras y pegamento
- Un *spray* de serpentina
- Maquillaje de teatro

**Conseguimos unas mallas y una camiseta rojas, y con pintura de tela negra le dibujamos una telaraña** 1

**Recortamos una araña de tela negra y la pegamos en el pecho de la camiseta** 2

**Con un *spray* de serpentinas lanzamos nuestras telas de araña** 3

**Pintamos la cara como en el dibujo** 4

Para convertirse en un auténtico superhéroe con instinto arácnido necesitamos un disfraz. Lo primero es pedirle a mamá unas mallas y una camiseta rojas y, con pintura de tela, pintarle una telaraña. Si además tienes guantes, mejor. Después tenemos que dibujar una araña en un cartón o tela negra y pegarlo o coserlo en el pecho de la camiseta. Con unos *sprays* de serpentina podremos disparar unas tremendas telarañas contra los supervillanos que nos ataquen. Para el maquillaje trazamos el contorno de los ojos de negro y azul con barras de teatro. Pintamos también de azul una telaraña desde el centro de la cara hacia fuera y rellenamos los huecos de rojo. En el centro de la frente pintamos de negro el símbolo de la araña y... ¡cuidado, ultravillanos!

# 20. Disfraz de troglodita

## ¡Ugh, yo cazar diplodocus!

### Necesitas...

- Un trozo de tela y un cordón
- Tijeras
- Papel de periódico
- Cola blanca y una brocha
- Papel pinocho de color marrón y blanco
- Maquillaje de teatro

**1** Conseguimos una tela de las que imitan piel y le hacemos un agujero en el centro

**2** Hacemos un garrote con papeles de periódico, lo pintamos de cola blanca y lo forramos con papel pinocho color marrón

**3** También con papel de periódico hacemos un hueso, lo pintamos de cola blanca y lo forramos de papel pinocho blanco

**4** Nos pintamos unas grandes cejas y pelos por la cara

Con una tela de esas que imitan piel vamos a fabricarnos un traje de troglodita estupendo. Recortamos un círculo en el medio para meter la cabeza. Con lo que cortamos del centro y un cordón, podemos fabricarnos una bolsa primitiva haciendo pequeños cortes alrededor del borde y metiendo por ellos el cordón. Con papel de periódico hacemos un hueso y un garrote, los pintamos de cola blanca y forramos el garrote con papel pinocho marrón y el hueso con papel pinocho blanco. Nos pintamos la cara con grandes cejas y muchos pelos y… ¡que tiemblen los dinosaurios!

# 21. Futbolista de Primera División

## ¡Alirón, alirón, este equipo es campeón!

### Necesitas...

- Una camiseta y unos pantalones
- Aguja e hilo para coser
- Una pegatina para el escudo

**1** Una vez elegidos los colores del equipo, convencemos a mamá de que cosa nuestro número en la espalda de la camiseta

**2** Con los pantalones hacemos la misma operación

**3** Conseguimos unos escudos del equipo y los pegamos en la camiseta y en el pantalón (si mamá aun tiene ganas, mejor que nos los cosa)

L o primero es conseguir unos pantalones de deporte y una camiseta del color que usa nuestro equipo preferido. Convencemos a mamá de que nos cosa el número de nuestro ídolo en la camiseta. Aunque tengamos que prometerle ayudar en la casa, todo vale para que también nos cosa el número en los pantalones. Y, por fin, vamos a tener que prometerle recoger nuestra habitación, porque tiene que cosernos el escudo del equipo en las dos prendas. Nos pintamos con barras de teatro imitando a nuestro ídolo o con los colores de nuestro equipo. Ya sólo faltan las botas, el balón y… ¡meter goles, claro!

# 22. Disfraz y maquillaje del arco iris

## ¡Cuando llueve y hace sol sale el arco del señor!

Haz varios semicírculos de múltiples colores con un compás (si no tienes, fabrícalo atando al extremo de una cuerda una tiza y sujetando el otro en el centro)

1

**Necesitas...**
- Papel pinocho
- Un compás
- Tijeras y pegamento
- Una diadema
- Algodón
- Maquillaje de teatro

Recorta los semicírculos y pégalos a la base del vestido montando un poquito uno sobre otro para formar el arco iris

2

Coge una diadema vieja y pégale un montón de bolas de algodón para formar una nube

3

Hazte un antifaz con todos los colores del arco iris: rojo, naranja, amarillo, verde, azul, añil y violeta... Píntate el resto de la cara de azul cielo

4

¡Viva el color! Con varios rollos de papel pinocho, pegamento y tijeras podrás confeccionarte un disfraz de lo más llamativo. Es sólo cortar y pegar, así de fácil. Ponte sobre la cabeza una nube de algodón de las que no tienen lluvia y diviértete con un cielo pintado en la cara. Y dile a mamá que no se preocupe: las pinturas de teatro se pueden quitar con una toallita húmeda en menos que canta un gallo.

# 23. Pierrot

## ¡Oh, dulce Colombina!

### Necesitas...

- Un pijama blanco de seda
- Tijeras
- Aguja e hilo para coser
- Botones negros grandes (o bolas de tela negra)
- Papel pinocho blanco
- Una goma elástica
- Tela negra
- Una lentejuela
- Maquillaje de teatro

Un pijama blanco como de seda es la base ideal para un buen Pierrot si le cosemos unos grandes botones negros (pompones o bolas de tela negra) **1**

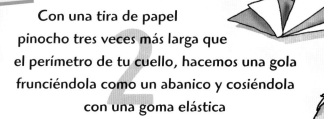

Con una tira de papel pinocho tres veces más larga que el perímetro de tu cuello, hacemos una gola frunciéndola como un abanico y cosiéndola con una goma elástica **2**

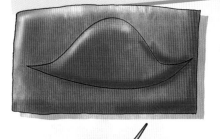

Cortamos dos piezas de tela negra con la forma del dibujo. Las cosemos por los laterales **3**

Pintamos la cara de blanco y marcamos una gran ceja sobre un ojo. Bajo el otro pegamos una piedrecilla brillante o una lentejuela, como una lágrima **4**

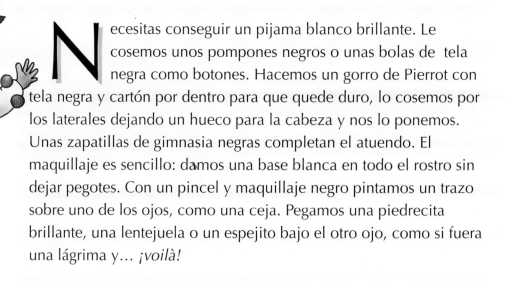

Necesitas conseguir un pijama blanco brillante. Le cosemos unos pompones negros o unas bolas de tela negra como botones. Hacemos un gorro de Pierrot con tela negra y cartón por dentro para que quede duro, lo cosemos por los laterales dejando un hueco para la cabeza y nos lo ponemos. Unas zapatillas de gimnasia negras completan el atuendo. El maquillaje es sencillo: damos una base blanca en todo el rostro sin dejar pegotes. Con un pincel y maquillaje negro pintamos un trazo sobre uno de los ojos, como una ceja. Pegamos una piedrecita brillante, una lentejuela o un espejito bajo el otro ojo, como si fuera una lágrima y… *¡voilà!*

# 24. Cupido

## ¡Ah, l'amour!

**1** Con una tela blanca hacemos un pañalote

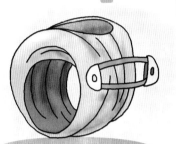

### Necesitas...

- Tela blanca
- Algodón
- Una cinta de color carne
- Un arco y unas flechas de juguete
- Maquillaje de teatro

**2** Con otro trozo de tela hacemos una venda y la colocamos de modo que casi tape un ojo a Cupido

**3** Hacemos unas alitas de algodón y las sujetamos a una cinta color carne para atarlas alrededor del pecho

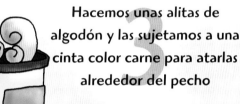

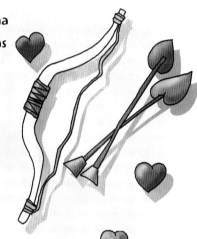

**4** Añadimos un arco y unas flechas y pintamos los labios en forma de corazón y los coloretes rojos

**N**ecesitamos tela blanca para hacer un pañalote. Si es un Cupido muy pequeño, podemos usar un pañal desechable. Con otro trozo de tela hacemos una venda y la colocamos en los ojos, pero un poco caída o subida, lo que sea más cómodo para nuestro ángel del amor (así podrá ver adónde apunta sus flechas). Con algodón hacemos dos alitas (si las queremos más grandes, tendremos que hacerles una estructura de alambre forrado de blanco) y las pegamos a una cinta color carne para luego atarlas alrededor del pecho. Compramos un arco y unas flechas de plástico. Podemos pintar los labios de nuestro Cupido en forma de corazón y ponerle dos coloretes rojos.

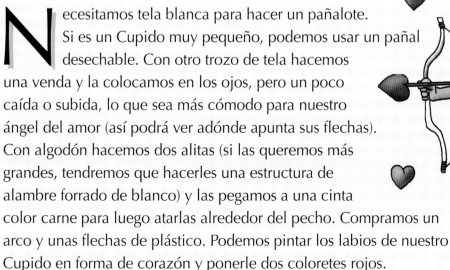

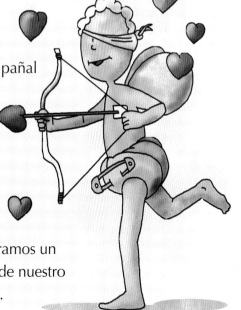

# 25. Mago Merlín

## Abracadabra, pata de cabra

### Necesitas...

- Una cartulina grande
- Pegamento o grapadora
- Tijeras
- Un cartón
- Tela brillante azul
- Algodón
- Una cinta elástica

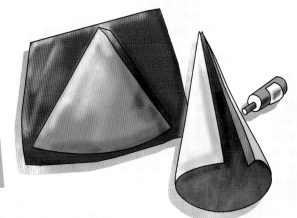

Da forma de cucurucho a una cartulina grande. Haz dos pestañas en los extremos para poder pegarla

Fabrícate un patrón dibujando una estrella de cartón

Dile a mamá que te haga una túnica azul con una tela vaporosa y brillante. Cuando esté terminada, grapa las estrellas

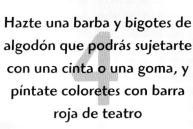

Hazte una barba y bigotes de algodón que podrás sujetarte con una cinta o una goma, y píntate coloretes con barra roja de teatro

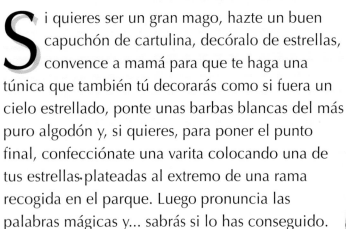

Si quieres ser un gran mago, hazte un buen capuchón de cartulina, decóralo de estrellas, convence a mamá para que te haga una túnica que también tú decorarás como si fuera un cielo estrellado, ponte unas barbas blancas del más puro algodón y, si quieres, para poner el punto final, confecciónate una varita colocando una de tus estrellas plateadas al extremo de una rama recogida en el parque. Luego pronuncia las palabras mágicas y... sabrás si lo has conseguido.

# 26. Payasete

## ¡Qué risa, tía Felisa!

Coge varias madejas de lana de colores de una longitud de unos 30 cm. Átalas juntas por un extremo (el flequillo) y déjalas sin atar por el otro

**1**

## Necesitas...

- Lana de colores
- Una chaqueta vieja
- Botones de colores
- Aguja e hilo para coser
- Papel pinocho
- Tijeras
- Pegamento o grapadora
- Una cinta ancha
- Maquillaje de teatro

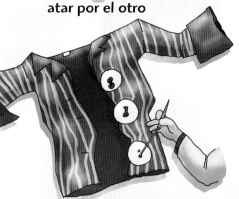

**2**

Pídele a tu padre una chaqueta vieja, remángala y que tu madre te cosa unos grandes botones de colores en ella

En el centro de un rectángulo de papel pinocho pon un anillo estrecho de papel para que quede muy cerrado en el centro y muy abierto en los extremos. Grapa la pajarita a una cinta de la medida de tu cuello

**3**

**4**

Con barras de teatro ponte dos grandes corazones blancos en los ojos y maquíllate las pestañas con un perfilador negro. La boca también va de blanco, con una gran sonrisa perfilada en negro. Luego pinta dos grandes coloretes en las mejillas y un gran corazón rojo en la nariz

S i quieres ser un gran payaso, llena tu vida de color. Hazte una peluca de lana, una pajarita de papel, ponte una chaqueta adornada con grandes botones y maquíllate con corazones y sonrisas. Luego cuenta un buen chiste y... ¡tu carrera hacia la risa ha comenzado!

# 27. Dama mariposa

## ¡Volarás, volarás, y hasta el cielo llegarás!

### Necesitas...

- Un alambre fino
- Unos alicates
- Unos *pantys* viejos
- Una diadema
- Algodón
- Fieltro
- Tijeras
- Maquillaje de teatro

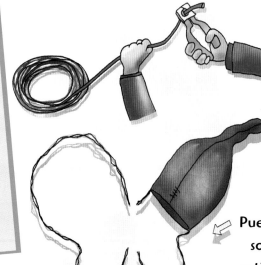

**1** Damos forma de ala de mariposa a un alambre fino. Con ayuda de papá, cerramos bien cortando y anudando el alambre con unos alicates

**2** Puedes colocar unos *pantys* viejos sobre la estructura de alambre estirándolos. Luego anuda lo que sobre y córtalo

**3** Pídele ayuda a papá y coloca en una diadema rígida con un alicate dos hilos de alambre en forma de antenas. Corta dos tiras de fieltro y forra todo; en los extremos de los alambres pon una bola de algodón

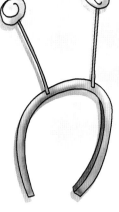

**4** Dibuja el antifaz alrededor de los ojos con un perfilador de color alegre (un ala para cada ojo). En la nariz, con una barra negra de teatro, dibuja el cuerpo de la mariposa desde la nariz hasta el entrecejo. Termínalo si quieres con dos antenitas encima

Dicen que las mariposas tienen polvitos mágicos para poder volar. Tú y yo sabemos que no volamos, pero con este disfraz y un poco de imaginación se puede recorrer el mundo. Un poco de alambre, unos *pantys* usados, un toque de color y unas antenas forradas de fieltro es lo único que necesitamos, además de un buen antifaz de mariposa que tú misma podrás hacerte frente al espejo con pinturas de teatro. ¡Feliz vuelo, amiga mía!

# 28. Hombre-orquesta

## ¡A vivir la música!

### Necesitas...

- Papel plateado
- Tijeras y pegamento
- Una camisola negra
- Maquillaje de teatro
- Cosas que hagan ruido

En un pliego de papel plateado dibuja todas las notas musicales. Recórtalas

Pídele a mamá una camisola negra y pega sobre ella con pegamento las notas musicales

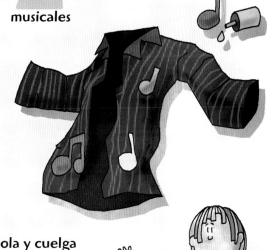

Maquíllate con una base blanca y ponte distintas notas de varios colores

Ponte la camisola y cuelga en las muñecas, la cintura, los tobillos y la cabeza todo lo que encuentres por casa que haga ruido

Si quieres ser un verdadero hombre-orquesta, pon en marcha tu imaginación y busca todos los cachivaches que se te ocurran que puedan hacer ruido: maracas, cascabeles, las tapas de las cacerolas como platillos, silbatos, panderetas, cubiertos que choquen... ¡Póntelos por encima y date una vuelta a la manzana! ¡La calle se convertirá en una auténtica fiesta!

# 29. Pintor francés

## ¡Pintoooooor que pintas con amooooor!

Coge el viejo babi del año pasado, córtale las mangas, póntelo y anúdate un lazo ancho de raso negro al cuello. Pídele prestada al abuelo su boina

### Necesitas...

- Un babi
- Una cinta de raso negro
- Una boina
- Una paleta y tubos de pintura gouache
- Pincel y caballete
- Un perfilador de ojos negro

Pídele a papá que te compre una paleta y varios tubos de pintura que pueda quitarse con agua (*gouache*). Ábrelos y pon un poquito de cada color sobre la paleta para hacerlo más real

También necesitas pincel, caballete y lienzo para pintar

Pídele a mamá un perfilador negro de ojos y píntate unos bigotes largos y enroscados

Si quieres pintar algo y además tener buena pinta, sólo tienes que pedirle la boina al abuelo, pintarte unos buenos bigotes, ponerte el babi viejo del año pasado y colocarte en la mano una paleta multicolor. Luego, si tienes ganas de jugar, sólo tienes que ponerte frente al lienzo en blanco y pintar a mamá, a papá, al abuelo o... al gato de la esquina. ¡Quién sabe! ¡A lo mejor tienes un genio dentro!

# 30. China mandarina

## ¡Chinita saluda honolable señol!

### Necesitas...

- Un trozo de tela de aspecto oriental
- Tijeras
- Una cinta ancha
- Dos lápices de colores
- Maquillaje de teatro

En una tela de aire oriental, hacemos un agujero para pasar la cabeza

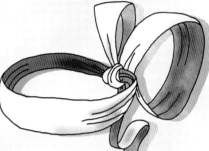

Lo ajustamos al cuerpo con una cinta ancha y detrás hacemos un enorme lazo

La cara se maquilla de blanco, los ojos se perfilan en negro hacia arriba y un poco rasgados. Bajo éstos una ligera sombra azul y, en los pómulos, un colorete rosa casi inapreciable

El pelo se peina en un moño y en éste clavamos dos lápices de colores

Lo primero es buscar una tela adecuada para un elegante quimono. Una buena idea es que sea oscura y con un estampado colorido. Cuanto más oriental parezca, mejor. Cortamos un agujero redondo para pasar la cabeza y ajustamos el quimono al cuerpo con una cinta ancha, haciendo un gran lazo en la espalda. Un delicado maquillaje blanco acompaña a nuestra «Dama de Shangai»: un fondo blanco y los ojos perfilados en negro y hacia arriba, un poco rasgados; bajo los ojos, unas sombras azules leves y difuminadas, y colorete en los pómulos de color rosa. El pelo se peina en un moño que se adorna con dos lápices. ¡Ah! ¡No olvidéis andar con los pies juntos y a pasitos muy cortos!

# 31. Gran jefe sioux

## ¡Jau, gran jefe!

### Necesitas...

- Unos pantalones y una camisa de color marrón claro
- Pegamento o grapadora
- Flecos de pasamanería
- Una cinta
- Plumas de colores
- Arco y flechas de juguete
- Maquillaje de teatro

**1** Para hacer el tocado de gran jefe, cogemos una cinta y le vamos pegando plumas. Cuanto más largas y más plumas tenga, más gran jefe es el jefe indio

**3** Armamos al jefe indio para la batalla o la caza del bisonte

**2** El maquillaje es una base marrón rojiza y decorada con rayas, espirales y manchas de color. Es divertido que cada jefe indio busque su propio maquillaje

Ser un gran jefe indio requiere un buen atuendo. Lo primero es adornar unos pantalones y una camisa de color marrón claro con unas tiras de flecos de pasamanería. También se pueden hacer de papel pinocho, pero duran mucho menos y no quedan tan bien. Para el tocado, sobre una cinta ancha vamos pegando plumas. Cuanto más larga sea la cinta y más plumas le pongamos, mayor será la categoría del jefe en el gran consejo sioux. El maquillaje de un guerrero es un asunto muy personal. Hay que poner una base marrón rojizo (sin pasarse, que si no, vais a parecer indios de chocolate), y decorar con rayas, espirales y manchas de color. Puede ser divertido buscar cada uno su propio maquillaje. Ya sólo queda armarnos con nuestro arco, flechas, hacha de guerra y... ¡mucho cuidado, general Custer!

# COCINA FÁCIL

# 1. Tarta flor

## Una flor muy dulce

**Necesitas...**

- Molde en forma de flor
- Pasta brisa
- Mermelada de albaricoque
- Nata montada

**Se utiliza un molde en forma de flor y se extiende encima la pasta brisa**

**Pídele a papá o a mamá que meta el molde en el horno y te ayude a vigilar**

**Cuando esté hecho, pon la mermelada en el centro procurando que quede redondita**

Hay que extender con cuidado la pasta brisa sobre el molde. Conviene pincharla varias veces para que no se deforme en el horno. Luego, y siempre con la ayuda de un mayor, metemos el molde en el horno. Cuando la pasta esté dorada, la sacamos y pintamos el centro con mermelada. Simplemente dejándola caer despacio desde el bote toma forma de círculo. Con el spray de nata montada –o con nata líquida previamente montada con azúcar y la batidora–, rellenamos los pétalos de nuestra flor. Y lo más importante: comer en agradable compañía.

# 2. Macedonia de frutas

## ¡Frutas fresquitas!

### Necesitas...

- Frutas de colores típicas de tu zona y de la temporada (plátano, naranja...)
- Zumo de naranja azucarado
- Un bol grande y otro pequeño
- Azúcar y hielo

Con la supervisión de una persona mayor, pelamos las frutas elegidas

**1**

En el bol grande se pone hielo, y sobre él se deja el bol pequeño a enfriar

**2**

Lo más importante es escoger bien las frutas: ni muy duras, ni muy maduras; y también que sean las que más te gusten, claro. Cuanto más parecidos sean los trocitos, más bonita quedará, así que ten paciencia cuando la prepares. ¡Ah!, y antes de repartirla entre tus amigos, deja que macere un rato: es decir, deja que los trocitos de fruta suelten su juguito, empapados en zumo azucarado: así queda mucho más rica.

Después, para que resulte muy refrescante, llena el bol más grande con el hielo y apoya el pequeño dentro.

# 3. Galletas de hoja seca

## ¡Caen las hojas!

### Necesitas...

- 175 g de harina blanca
- 60 g de azúcar fina
- 125 g de mantequilla blanda

**2** Añadimos la mantequilla y damos vueltas a la masa hasta que quede una bola. La estiramos y cortamos las hojas con los cortapastas

**1** En un cuenco se mezclan bien mezcladitas harina y azúcar

**3** Con la ayuda de mamá o papá ponemos las galletas en el horno

En un cuenco mezclamos muy bien los distintos ingredientes: primero azúcar y harina y luego la mantequilla blandita. Hay que trabajar bien la masa para que no queden grumos. Una vez terminada la masa la estiramos y vamos cortando las galletas con el cortapastas. Las ponemos en una bandeja bien engrasada durante 15 o 20 minutos con el horno a 180º. Las dejamos enfriar y… ¡que aproveche!

# 4. Tarta casa nevada

## Hogar dulce hogar

### Necesitas...

- 425 g de mantequilla
- 300 g de harina tamizada
- 300 g de azúcar fina
- 4 huevos
- 250 g de azúcar glasé
- Dos cucharadas de agua caliente
- Cacao y colorante alimentario
- Chuches

**1** Una vez hechos los bizcochos cortamos uno como en la ilustración

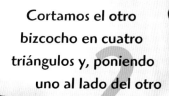

**2** Cortamos el otro bizcocho en cuatro triángulos y, poniendo uno al lado del otro sobre la base, formamos el tejado de la casa

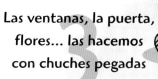

**3** Las ventanas, la puerta, flores... las hacemos con chuches pegadas al glaseado

Hacemos un bizcocho mezclando 300 g de mantequilla, 300 de harina tamizada y 300 de azúcar fina con los huevos batidos. Le pedimos a mamá o a papá que lo metan al horno en un molde engrasado hasta que esté cuajado y esponjoso (con el horno a 160° durante una hora o una hora y cuarto). Los dejamos enfriar un poco y los cortamos como se explica en las ilustraciones. Hacemos un glaseado batiendo 125 g de mantequilla, 250 de azúcar glasé y dos cucharaditas de agua caliente hasta que quede cremoso. Para darle color, añadimos cacao o colorantes alimentarios. Con los glaseados pintamos la casa y el tejado. Adornamos con chuches y espolvoreamos el tejado con azúcar glasé.

# 5. Mapa de pizza

## Un tesoro muy apetitoso

### Necesitas...

- 30 g de levadura
- 2 tazas de agua caliente
- Una cucharadita de sal
- Aceite
- 4 tazas de harina
- Una cucharada de miel
- 1/4 k de mozzarella
- 1/4 k de salsa de tomate
- Ingredientes al gusto para adornar

Disolvemos la levadura en un bol con el agua caliente. Añadimos el aceite y la miel y dejamos reposar **1**

Ponemos la masa encima de una tabla con harina, la doblamos y apretamos durante un rato. La dejamos reposar una hora y media **2**

Preparamos la base de la pizza pirata mezclando la levadura con el agua y la sal. Dejamos que repose durante 5 o 6 minutos y añadimos harina poco a poco hasta tener una masa elástica que no se pegue en los dedos. Untamos el interior de una fuente con aceite y miel, ponemos en ella la masa y la tapamos con un trapo. Ahora el reposo es más largo: hora y media. Ponemos la masa en una bandeja de horno dándole la forma que más nos guste. Adornamos con la salsa de tomate y el resto de los ingredientes marcando los pasos para llegar al tesoro del pirata. Se mete al horno, siempre con ayuda, durante 25 minutos a 190º. Cuando la masa esté de color dorado y el queso muy fundidito... ¡a comer, tesoros!

# 6. Bebida dulces sueños

## ¡Prohibidas las pesadillas!

### Necesitas...

- Azúcar
- Hielo picado
- Zumo de melocotón
- Zumo de piña
- Colorante azul

Lo primero es preparar los vasos. Humedecemos el borde con agua o zumo y lo ponemos bocabajo sobre un plato con azúcar

1

Humedecemos el borde de los vasos con agua o zumo y los ponemos bocabajo sobre un plato con azúcar para que se quede pegada en el borde. Le pedimos a mamá o a papá que nos pique el hielo. Lo pueden hacer con una picadora o metiéndolo en un paño resistente y golpeándolo. En un recipiente adecuado mezclamos los zumos, el hielo y el colorante. Con cuidado de no mojar el borde echamos la bebida «dulces sueños» en los vasos. Decoramos como más nos guste y… ¡a brindar!

Con cuidado para no quitar el azúcar llenamos los vasos con la mezcla. Decoramos al gusto y… ¡fiesta!

2

# 7. Delicias de ratón

## ¡El ratoncito Pérez!

### Necesitas...

- 8 rebanadas de pan de molde
- 4 petit-suisse naturales
- 50 g de queso blando (brie, camembert, roquefort...)
- 40 g de nueces peladas
- 80 g de mantequilla

En un recipiente adecuado mezclamos el queso con los petit-suisse y una vez bien mezclados les añadimos las nueces

**1**

Untamos la mantequilla en el pan de molde, con cuidado de que no se rompa. Añadimos la pasta que hemos preparado

**2**

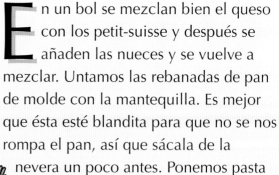

En un bol se mezclan bien el queso con los petit-suisse y después se añaden las nueces y se vuelve a mezclar. Untamos las rebanadas de pan de molde con la mantequilla. Es mejor que ésta esté blandita para que no se nos rompa el pan, así que sácala de la nevera un poco antes. Ponemos pasta de queso en cada rebanada. Le pedimos a un mayor que las meta en el horno hasta que estén muy apetitosas (unos diez minutos a 180º), y... ¡cuidado con los ratones!

# 8. Tarta casita de chocolate

## ¡Cuidado con la bruja!

### Necesitas...

**Para el bizcocho:**
- 4 huevos
- 300 g de mantequilla
- 260 g de harina tamizada
- 40 g de cacao en polvo
- 300 g de azúcar fina

**Para adornar:**
- Un bote de crema de cacao con avellanas
- Dos cucharadas de azúcar glasé
- Chuches: bombones, gominolas...

Cortamos uno de los dos bizcochos por la mitad, lo untamos con crema de cacao y lo cubrimos con la otra mitad **1**

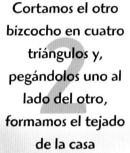

Cortamos el otro bizcocho en cuatro triángulos y, pegándolos uno al lado del otro, formamos el tejado de la casa **2**

**3** Con crema de cacao pintamos la casa y el tejado

Hacemos un bizcocho mezclando muy bien los ingredientes. Le pedimos a mamá o a papá que lo metan al horno en un molde engrasado hasta que esté cuajado y esponjoso (con el horno a 160º una hora o una hora y cuarto). Una vez hechos los bizcochos los dejamos enfriar un poco y los cortamos como en las ilustraciones. Con la crema de cacao pintamos la casa y el tejado. Conviene que esté blandita, para lo que la habremos sacado de la nevera con tiempo. Adornamos con chuches y espolvoreamos el tejado con azúcar glasé.

# 9. Tortitas fantasmales

## ¡Buuuuuh!

### Necesitas...

- 4 huevos
- 500 g de harina
- Levadura en polvo
- 3/4 l de leche
- Una pizca de sal
- Mantequilla
- Nata montada
- Mermelada o sirope

**1** Batimos en un bol harina, huevos y leche. Añadimos la sal y la levadura y seguimos batiendo

**2** Untamos la sartén con la mantequilla y la calentamos al fuego, siempre con ayuda de papá o de mamá

**3** Vamos echando la masa en la sartén formando las tortitas a nuestro gusto

Se ponen en un bol los huevos, la harina, la levadura, la leche y una pizca de sal, y batimos hasta formar una pasta homogénea. Untamos la sartén con mantequilla y con la colaboración de algún mayor la ponemos al fuego. Echamos medio cucharón de masa y dejamos que se haga por un lado. Cuando se vea seca y con agujeritos, le damos la vuelta con ayuda de una espátula de madera. Una vez hecha, la sacamos y la decoramos formando sobre ella un fantasma con la nata montada y adornándolo con la mermelada o el sirope. Hacemos tantas tortitas como invitados vengan y ¡a comer!, pero...¡cuidado con los fantasmas!

# 10. Mousse del pantano repelente

## ¡Cuidado, criaturas!

### Necesitas...

- 200 g de chocolate blanco
- 100 g de mantequilla
- 4 huevos
- Colorante azul o verde y amarillo
- Chuches

**1** Pídele a mamá que ponga un cazo al baño María para derretir el chocolate en trozos y la mantequilla, hasta obtener una pasta fina

**2** Se separan las yemas de las claras. Las yemas se añaden al chocolate y las claras se montan al punto de nieve

**3** En la ensaladera se mezcla la pasta de chocolate con las claras a punto de nieve y el colorante

Ponemos un cazo, siempre con ayuda de un mayor, al baño María, fundimos en él el chocolate hecho trocitos y añadimos la mantequilla. Se remueve con la espátula de madera hasta formar una pasta fina. Dejamos enfriar diez minutos. Separamos las yemas de las claras. Añadimos las yemas a la pasta de chocolate y montamos las claras a punto de nieve, batiendo bastante tiempo. En una ensaladera, añadimos las claras a punto de nieve poco a poco mezclando muy bien. Teñimos la mezcla de azul o verde y decoramos con habitantes repelentes (es decir, con chuches). ¡Y a disfrutar de una merienda muy asquerosita y monstruosa!

# 11. Bizcocho corona del Rey Arturo

## ¡Por Camelot!

### Necesitas...

- 300 g de harina tamizada
- 300 g de azúcar fina
- 300 g de mantequilla
- 4 huevos
- Colorante alimentario
- 1 l de nata para montar o ya montada
- Chuches para decorar

**1** Ponemos un bizcocho encima del otro rellenando antes con nata montada

**2** Teñimos el resto de la nata con colorante amarillo o naranja y cubrimos toda la corona

**3** Decoramos al gusto medieval con esmeraldas y rubíes (chuches)

Hacemos dos bizcochos con la receta n.º 4. Una vez fríos les cortamos tres triángulos en su parte superior para darles la forma de corona. Es mejor cortarlos juntos para que sean iguales, pero ¡ten cuidado de no hacer miguitas! Cubrimos uno de ellos con la tercera parte de la nata montada y ponemos el otro encima. Teñimos el resto de la nata de color oro (amarillo o naranja) y cubrimos la corona con ella. Decoramos con las piedras preciosas (chuches y gominolas) y… ¡a desfacer entuertos!

# 12. Pastas saladas de la Vía Láctea

## ¡Qué estrellas más saladas!

**1** Sobre una mesa espolvoreada con harina para que no se pegue, estiramos la masa con el rodillo

### Necesitas...

- Un paquete de pasta de hojaldre o pasta brisa
- Un huevo
- Semillas de sésamo
- Almendras picadas
- Una salchicha

**2** Pintamos las pastas con huevo batido

Sobre una mesa, previamente enharinada para que no se nos pegue, estiramos la pasta brisa hasta dejarla con un grosor de unos 5 mm. Con ayuda de un cortapastas cortamos la masa en forma de estrellas, planetas, lunas... Batimos el huevo y pintamos con él las estrellas y las lunas. Decoramos las pastas con el resto de los ingredientes: unas con sésamo, otras con almendra picada, otras con salchicha... Con ayuda de papá o mamá (bueno, sí, la abuela también vale) las metemos en el horno en una bandeja engrasada a unos 200°. Cuando estén doraditas las sacamos, las dejamos enfriar y... ¡a volar por el espacio, astronautas!

**3** Decoramos las pastas y las metemos en el horno en una bandeja engrasada a 200° hasta que estén doradas

# 13. Tarta de la luna llena

## ¡Quisiera ser tan alta como la luna...!

### Necesitas...

**Para el bizcocho:**
- 300 g de mantequilla
- 300 g de harina tamizada
- 300 g de azúcar fina
- 4 huevos
- Mermelada al gusto

**Para el glaseado:**
- 250 g de azúcar glasé
- La clara de 1 huevo grande
- 3 cucharadas soperas de glucosa líquida

Hacemos un bizcocho y lo abrimos por la mitad para rellenarlo con mermelada **1**

Decoramos la tarta con un glaseado y haciendo los cráteres con vasos de distinto diámetro **2**

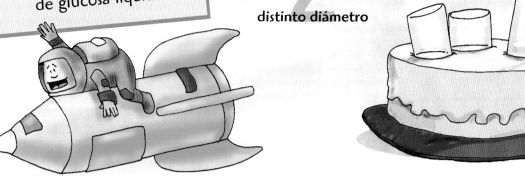

Se hace un bizcocho redondo con la receta n.º 4. Lo abrimos por la mitad para rellenarlo de mermelada al gusto y volvemos a cerrarlo. Hacemos un glaseado blanco tamizando en un bol el azúcar glasé y haciendo un hueco en el centro. Ponemos en el hueco la clara de huevo y la glucosa y mezclamos con el azúcar hasta obtener una pasta espesa. Trabajamos la mezcla hasta que quede homogénea y cubrimos con ella la tarta. Hacemos los cráteres presionando el glaseado suavemente con vasos de distintos diámetros (por la parte de atrás). Pinchamos el cohete o cualquier adorno al gusto y… ¡a estar en la luna!

# 14. Tarta de sol brillante

## ¡Eres un sol!

**Necesitas...**
- Una lata de piña en almíbar
- 5 cucharadas de caramelo líquido
- 4 huevos
- 150 g de mantequilla
- 150 g de harina
- Un sobre de levadura en polvo
- 125 g de azúcar
- Una pizca de sal

**1** En un molde extendemos el caramelo líquido y ponemos las rodajas de piña escurridas (reservar el jugo)

**2** En un bol mezclamos bien azúcar, harina, levadura, sal, huevos y mantequilla fundida

**3** Se cuece el bizcocho en el horno a 180°

En un molde redondo extendemos por todo el fondo el caramelo líquido. Escurrimos la piña y reservamos el jugo en un cazo. Partimos por la mitad las rodajas de piña para hacer los rayos de nuestro brillante sol, menos una que dejamos para el centro del pastel, y las situamos en el fondo del molde. En un bol echamos harina, azúcar, levadura y la pizca de sal. Fundimos la mantequilla poniéndola un minuto en el microondas y la añadimos a la mezcla junto con los huevos. Batimos hasta que quede una masa cremosa y la echamos en el molde donde está la piña. Con ayuda de mamá metemos el molde en el horno precalentado a 180° durante media hora. Calentamos el jugo de la piña y lo echamos sobre la tarta. Se puede comer fría o templada, pero desde luego los amigos a los que invites te van a decir: «¡eres un sol!»

# 15. Receta secreta del duende perejil

## ¡Disfruta la fruta!

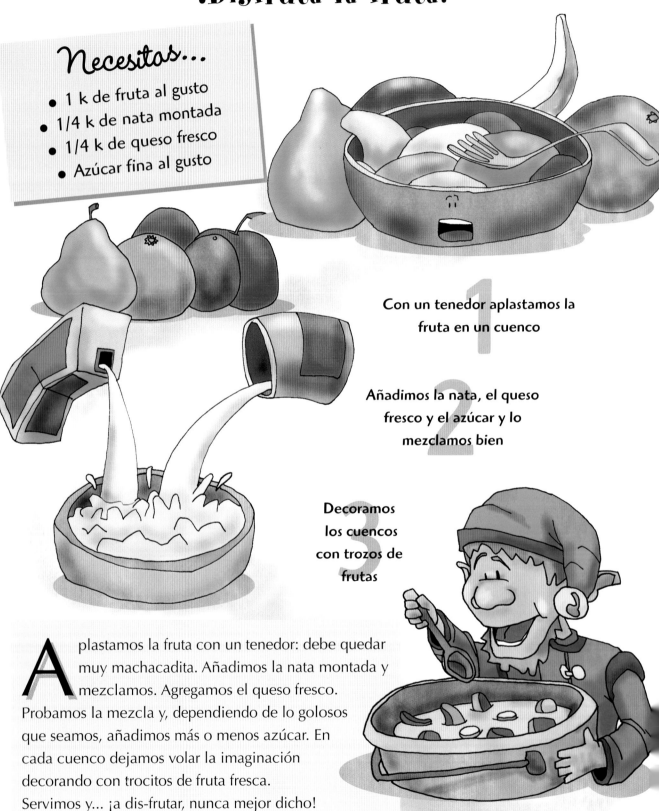

### Necesitas...

- 1 k de fruta al gusto
- 1/4 k de nata montada
- 1/4 k de queso fresco
- Azúcar fina al gusto

**1** Con un tenedor aplastamos la fruta en un cuenco

**2** Añadimos la nata, el queso fresco y el azúcar y lo mezclamos bien

**3** Decoramos los cuencos con trozos de frutas

Aplastamos la fruta con un tenedor: debe quedar muy machacadita. Añadimos la nata montada y mezclamos. Agregamos el queso fresco. Probamos la mezcla y, dependiendo de lo golosos que seamos, añadimos más o menos azúcar. En cada cuenco dejamos volar la imaginación decorando con trocitos de fruta fresca. Servimos y... ¡a dis-frutar, nunca mejor dicho!

# 16. Tarta cocodrilo tic-tac

## Necesitas...

**Para el bizcocho:**
- 300 g de mantequilla
- 300 g de harina
- 300 g de azúcar
- 4 huevos
- Azúcar glasé

**Para el glaseado:**
- 250 g de azúcar glasé
- 125 g de mantequilla
- 2 cucharadas de agua caliente
- Colorante alimentario verde
- Chuches

## ¡Cuidado, Garfio!

**1** Hacemos un bizcocho redondo y lo cortamos con la forma que aparece en la ilustración

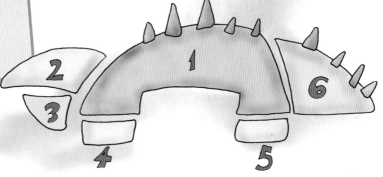

**2** Se cubre el cocodrilo con un glaseado verde de mantequilla, distribuyéndolo irregularmente para simular las escamas

Tras hacer el bizcocho (ver receta n.º 4), montamos el terrible cocodrilo con cuidado de no desmoronar el bizcocho. Con los trozos que nos sobren hacemos las escamas. Preparamos un glaseado, batiendo la mantequilla hasta que quede cremosa. Le añadimos el azúcar y el agua caliente y seguimos batiendo hasta que la pasta quede clara y con aspecto de crema. Añadimos el colorante y mezclamos bien. Con el glaseado verde pintamos el cocodrilo dejándolo irregular para simular escamas. Le ponemos un ojo furioso y unos terribles dientes con chuches y... ¡a ver quién se come a quién!

# 17. Cestitas de Caperucita

## ¡Abuelita, qué cesta más apetitosa tienes!

### Necesitas...

- 250 g de harina de trigo
- 60 g de mantequilla
- 60 g de margarina
- Agua
- 300 ml de nata líquida
- 2 huevos
- Sal y pimienta
- Relleno al gusto: jamón y queso, atún con tomate, tacos de chorizo...

En un recipiente adecuado mezclamos los ingredientes hasta obtener una pasta fina y homogénea **1**

Recortamos redondeles un poco más grandes que los moldes y los llenamos con la masa **2**

Batimos los huevos y les añadimos nata, sal y pimienta. Rellenamos las cestitas con la mezcla **3**

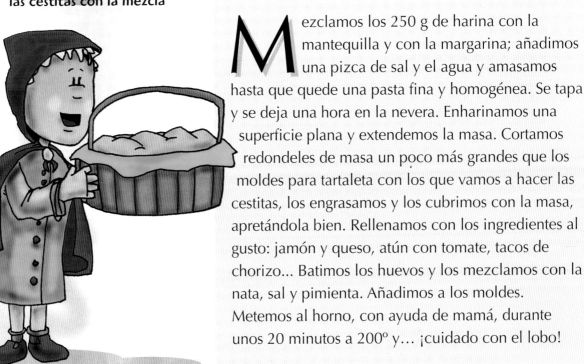

Mezclamos los 250 g de harina con la mantequilla y con la margarina; añadimos una pizca de sal y el agua y amasamos hasta que quede una pasta fina y homogénea. Se tapa y se deja una hora en la nevera. Enharinamos una superficie plana y extendemos la masa. Cortamos redondeles de masa un poco más grandes que los moldes para tartaleta con los que vamos a hacer las cestitas, los engrasamos y los cubrimos con la masa, apretándola bien. Rellenamos con los ingredientes al gusto: jamón y queso, atún con tomate, tacos de chorizo... Batimos los huevos y los mezclamos con la nata, sal y pimienta. Añadimos a los moldes. Metemos al horno, con ayuda de mamá, durante unos 20 minutos a 200° y... ¡cuidado con el lobo!

# 18. Panecillos del conejo blanco

## ¡Llego tarde!

## Necesitas...

- 2 panecillos blancos o integrales
- 2 huevos
- Una lata de atún en aceite o escabeche
- Mayonesa al gusto
- Sal

### Para la decoración:

- 1/2 zanahoria
- 6 aceitunas rellenas
- 4 hojas de lechuga

**1** Se cuecen los huevos durante diez minutos

**2** Rellenamos los panecillos con la mezcla

**3** Ponemos unas orejas de lechuga, unos dientes de zanahoria y dos ojos de aceituna

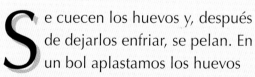

Se cuecen los huevos y, después de dejarlos enfriar, se pelan. En un bol aplastamos los huevos duros y el atún con un tenedor. Añadimos mayonesa hasta obtener la consistencia que nos guste y una pizca de sal. Abrimos los panecillos y los rellenamos con la mezcla. Les ponemos unas orejas de lechuga, unos dientes de zanahoria y unos ojos y nariz de aceituna rellena y… ¡al País de las Maravillas!

# 19. Tarta de la araña tremenda

## ¡Spidertarta!

**Necesitas...**

**Para el bizcocho:**
- 300 g de mantequilla
- 300 g de harina
- 300 g de azúcar
- 4 huevos
- Mermelada al gusto

**Para el glaseado:**
- 750 g de azúcar glasé
- La clara de un huevo grande
- 3 cucharadas de glucosa líquida
- Colorante rojo alimentario
- Chocolate de cobertura

**1** Abrimos el bizcocho por la mitad y lo rellenamos con mermelada

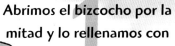

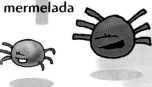

**2** Hacemos un glaseado rojo y cubrimos la tarta

Se hace un bizcocho redondo con la receta n.º 4. Lo abrimos por la mitad para rellenarlo de mermelada al gusto y volvemos a cerrarlo. Hacemos un glaseado rojo tamizando en un bol el azúcar glasé y haciendo un hueco en el centro. Ponemos en el hueco la clara de huevo y la glucosa y mezclamos con el azúcar y el colorante rojo hasta obtener una pasta espesa. Trabajamos la mezcla hasta que quede homogénea y cubrimos con ella la tarta. Se funde el chocolate y con una manga pastelera fina dibujamos los adornos. ¡Temblad, supervillanos!

**3** Se funde el chocolate y con una manga pastelera dibujamos los adornos

# 20. Albondiguillas de mamut

## ¡Prehistóricas!

### Necesitas...

- 1/4 k de carne picada
- 1/4 k de guisantes
- 100 g de pan rallado
- Una lata de maíz
- Perejil picado
- Hierbas provenzales
- Sal
- Pimienta
- Un huevo
- Aceite

**En un bol mezclamos bien todos los ingredientes, y con la pasta resultante hacemos bolitas** 1

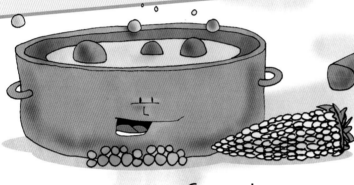

**Con cuidado y ayuda de mamá o papá freímos las albondiguillas** 2

**Cocemos las albondiguillas y a los 25 minutos añadimos el maíz y los guisantes** 3

En un bol mezclamos la carne (si no encuentras de mamut, puede ser de ternera) con el pan rallado, el huevo, las hierbas, el perejil, la sal y la pimienta. Formamos pequeñas bolitas con las manos y las freímos, con ayuda de mamá o papá, en aceite bien caliente. Cocemos las albondiguillas durante media hora. Después añadimos el maíz y los guisantes y cocemos diez minutos más. Servimos todo en una fuente y... ¡buen apetito, trogloditas!

# 21. Balones dulces a la trufa

## ¡Goooool!

### Necesitas...

- Una lata de leche condensada
- 25 g de mantequilla
- 4 cucharadas de chocolate en polvo
- Grageas de chocolate

**Amasamos los ingredientes en forma de pelotas de fútbol, eso sí, mucho más pequeñas**

1

**Adornamos con grageas de chocolate para que parezcan balones**

2

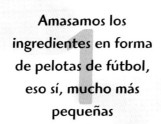

En un cazo calentamos a fuego lento la leche condensada con la mantequilla y el chocolate en polvo. La masa estará lista cuando veamos que no se pega a la cuchara de palo con la que removemos. Se pone la masa en un plato hondo y se deja enfriar. Una vez frío, se cogen cucharaditas de masa y con las manos se les da forma de pelotas. Se adornan con grageas de chocolate para que parezcan balones de fútbol y... ¡a jugar la Champions League!

# 22. Brochetas arco iris

## ¡Vivan los colores!

### Necesitas...

- Frutas de colores típicas de tu zona y de la temporada (plátano, naranja, kiwi, melocotón...) naturales o en conserva

Pelamos las frutas grandes y las cortamos en trozos **1**

Las pequeñas las cortamos por la mitad **2**

Las frutas en conserva las dejamos escurrir bien **3**

Vamos pinchando los trozos de fruta combinando los colores. No uséis pinchos con mucha punta **4**

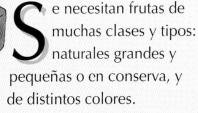

Se necesitan frutas de muchas clases y tipos: naturales grandes y pequeñas o en conserva, y de distintos colores. Cortamos las frutas en trozos parecidos. Las grandes en varios, las pequeñas por la mitad. Dejamos escurrir las frutas en conserva. Pinchamos en los palos de brocheta los trozos de fruta, los disponemos con arte en una bandeja y... ¡a comer!

# 23. Máscaras dulces de galleta

## ¡Al teatro!

## Necesitas...

**Para las galletas:**
- 180 g de harina de trigo
- 60 g de azúcar
- 150 g de mantequilla

**Para la cobertura:**
- 250 g de azúcar glasé
- Una clara de huevo
- 3 cucharadas de glucosa líquida
- Colorante alimentario

En un bol mezclamos harina y azúcar. Añadimos la mantequilla y obtenemos la masa **1**

Sobre una mesa enharinada, se estira la masa y se cortan las galletas **2**

Metemos las galletas en el horno, a 180° **3**

Se mezclan en un bol azúcar y harina. Se añade la mantequilla y se trabaja la masa con las manos hasta formar una bola. Se estira la masa con un rodillo sobre una mesa enharinada. Se cortan las galletas con forma de máscara. Se hornean a 180° durante 15 o 20 minutos. Se dejan enfriar, se decoran con el glaseado que prepararemos como en la receta n.º 19 y… ¡que suba el telón!

# 24. Tarta corazón

## ¡Estás para comerte!

### Necesitas...

**Para el bizcocho:**
- 300 g de mantequilla
- 300 g de harina tamizada
- 300 g de azúcar fina
- 4 huevos
- Mermelada de fresa

**Para el glaseado:**
- 250 g de azúcar glasé
- La clara de un huevo grande
- 3 cucharadas soperas de glucosa líquida
- Colorante rojo alimentario

Se hace un bizcocho redondo y se parte por la mitad **1**

Con mucho cuidado para no desmigarlo todo, cortamos los bizcochos en forma de corazón **2**

Se cubre un bizcocho con mermelada al gusto y se tapa con el otro **3**

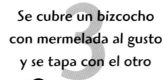

**S**e hace un bizcocho redondo como el de la receta n.º 4 y se corta transversalmente. También podemos hacer dos bizcochos iguales. Con cuidado de no desmoronarlos cortamos los bizcochos en forma de corazón. Cubrimos uno de ellos con mermelada de fresa y lo tapamos con el otro. Hacemos un glaseado como el de la receta n.º 19 y lo teñimos de rojo con colorante alimentario. Pintamos el corazón con el glaseado y… ¡qué dulce es el amor!

# 25. Cóctel mágico del mago Merlín

## ¡Abracadabra!

**1** Humedecemos el borde con agua o zumo y lo ponemos bocabajo sobre un plato con azúcar

**Necesitas...**
- Azúcar
- Hielo picado
- Zumo de manzana
- Zumo de piña
- Colorante verde

**2** En un recipiente adecuado mezclamos los zumos y el hielo picado

**3** Añadimos colorante alimentario de color verde y removemos

Hay que mojar el borde de los vasos con agua o zumo y ponerlos boca abajo sobre un plato con azúcar para que se quede pegada en el borde.

Le pedimos a mamá o a papá que nos pique el hielo. Lo puede hacer con una picadora o metiéndolo en un paño resistente y golpeándolo contra el suelo.

En un recipiente adecuado mezclamos los zumos, el hielo y el colorante.

Con cuidado de no mojar el borde echamos la bebida del mago Merlín en los vasos.

Decoramos como más nos guste y… ¡magia potagia!

# 26. Tarta clown

## ¡Una tarta que da risa!

### Necesitas...

**Para el bizcocho:**
- 300 g de mantequilla
- 300 g de harina tamizada
- 300 g de azúcar fina
- 4 huevos

**Para decorar:**
- Colorante alimentario de distintos colores
- Chuches de colores

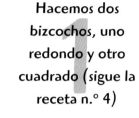

Hacemos dos bizcochos, uno redondo y otro cuadrado (sigue la receta n.º 4)

Con mucho cuidado para no desmigarlo todo, cortamos el bizcocho cuadrado en dos triángulos y uno de éstos también en dos

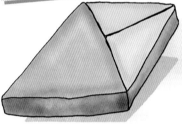

Se monta el payaso como en el dibujo

Se hace un bizcocho redondo como el de la receta n.º 4 y, siguiendo la misma receta, otro bizcocho cuadrado. Luego se parte este último en un triángulo grande y dos más pequeños. Ten en cuenta que el triángulo grande es el sombrero, los pequeños son la pajarita y el redondo será la cara. Ponlo todo en una fuente y decóralo: con las chuches puedes ponerle ojos y nariz; el resto puedes pintarlo con colorante alimentario de varios colores y… ¡a reír a carcajadas!

# 27. Pizzas de mariposa

## ¡Cual piuma al vento!

### Necesitas...

- 300 g de harina tamizada
- Levadura de panadería
- 100 g de mantequilla
- Sal al gusto
- 125 cc de leche
- 1/4 k de tomate natural triturado
- Mozzarella en lonchas

**Para decorar:**

- Jamón, chorizo, aceitunas...

Una vez hecha la masa, cortamos el redondel por la mitad

Montamos la mariposa, cubrimos de tomate la masa y... al horno

La mariposa se adorna al gusto y se gratina para que se funda el queso

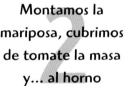

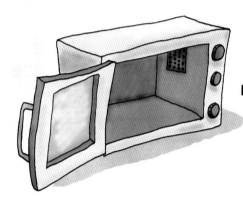

Preparamos la base de la pizza mezclando la harina, la levadura, la mantequilla y la sal, y añadiendo poco a poco la leche, para que no se formen grumos. Debe tener un grosor de unos 5 mm. La cortamos en redondo y luego por la mitad para formar las alas de la mariposa (ver dibujo). Cubrimos de tomate y horneamos con ayuda de mamá o papá. Cuando esté doradita la sacamos, adornamos con bastante mozzarella y los demás ingredientes (por ejemplo, el cuerpo y las antenas pueden ser tiras de pimiento rematadas por aceitunas) y metemos al grill. Cuando se funda el queso... ¡a volar!

# 28. Crepes musicales

## ¡Oh, crepe mío!

### Necesitas...

- 2 huevos
- 4 cucharadas de mantequilla
- 2 vasos de leche
- 2 vasos de harina
- Un sobre de levadura en polvo
- Nata montada
- Mermelada
- Chocolate

**1** Los huevos, leche, harina, la levadura y la mantequilla fundida se mezclan bien con la batidora

**2** Pintamos de mantequilla una sartén y echamos un cazo de masa

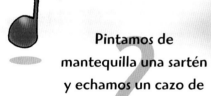

**3** Cuando la masa deja de ser líquida y le salen pequeños agujeritos le damos la vuelta

Mezclamos bien todos los ingredientes con ayuda de mamá y/o papá y una batidora. Engrasamos una sartén con mantequilla para que no se pegue. Volcamos un cazo de masa en la sartén caliente. Cuando la masa presente pequeños agujeros y esté sólida, le damos la vuelta. Sacamos la tortita y la decoramos con una nota musical de mermelada o de chocolate... y un montón de nata alrededor.
¡Que suene la música, maestro!

# 29. Tarta paleta de pintor

## ¡Pinto, pinto, pinto...!

Mezclamos los ingredientes en un bol

**1**

### Necesitas...

- 425 g de mantequilla
- 300 g de harina tamizada
- 300 g de azúcar fina
- 4 huevos
- Crema de chocolate
- 250 g de azúcar glasé
- Dos cucharadas de agua caliente
- Colorante alimentario

Con ayuda de mamá horneamos el bizcocho

**2**

Con glaseado blanco y de colores, o mermeladas diversas pintamos la paleta y las manchas de pintura

**3**

Una vez hecho el bizcocho (siguiendo la receta n.º 4), lo dejamos enfriar un poco y lo cortamos por la mitad rellenándolo de crema de chocolate con avellana. Hacemos un glaseado batiendo 125 g de mantequilla y añadiendo 250 de azúcar glasé y dos cucharaditas de agua caliente. Seguimos batiendo hasta que quede claro y cremoso. Si queremos cambiarle el color añadimos cacao o colorantes alimentarios. Con los glaseados pintamos la paleta y los colores.

# 30. Galletas de la fortuna

## ¿Qué será, será....?

**Necesitas...**

- 4 huevos
- Media taza de mantequilla fundida
- Media taza de harina
- Una taza de azúcar
- Un pellizco de sal
- Dos cucharadas de agua

Primero escribimos los mensajes. Luego mezclamos los ingredientes y ponemos una bandeja con cucharadas de masa en el horno

Cuando casi estén hechas, sitúa en el centro de cada galleta un mensaje de la suerte y dóblala. Cuando se enfríen dáselas a tus amigos con mucho misterio

Precalentamos el horno a 180º y escribimos los mensajes de la fortuna en pequeños papeles. Separamos las claras de las yemas y las batimos a punto de nieve. Añadimos la harina, el azúcar y la sal. Batimos la mezcla y añadimos la mantequilla fundida y el agua. Volvemos a batir hasta que quede cremoso. Depositamos cucharadas de masa en la bandeja de horno previamente engrasada. Cuando los bordes estén dorados ponemos los mensajes en el centro, doblamos las galletas y... ¡buena suerte!

# 31. Tipi dulce

## Necesitas...

**Para el bizcocho:**
- 300 g de mantequilla
- 300 g de harina tamizada
- 300 g de azúcar fina
- 4 huevos

**Para el glaseado:**
- 125 g de mantequilla
- 250 g de azúcar glasé
- Una clara de huevo grande
- 3 cucharadas soperas de agua caliente
- Chuches

## ¡Jau, amigos!

**1** Mezclamos los ingredientes en un bol y metemos la masa resultante en el horno

**2** Cortamos el bizcocho por las dos diagonales y montamos el tipi

**3** Cubrimos con el glaseado y adornamos con chuches

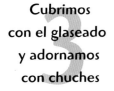

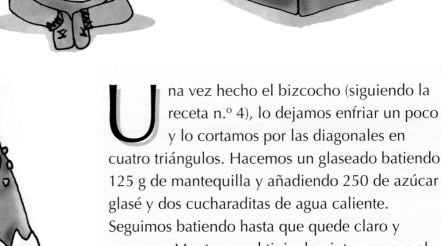

Una vez hecho el bizcocho (siguiendo la receta n.º 4), lo dejamos enfriar un poco y lo cortamos por las diagonales en cuatro triángulos. Hacemos un glaseado batiendo 125 g de mantequilla y añadiendo 250 de azúcar glasé y dos cucharaditas de agua caliente. Seguimos batiendo hasta que quede claro y cremoso. Montamos el tipi y lo pintamos con el glaseado. Adornamos con chuches y.... ¡Gran jefe tener tipi nuevo!

# MANUALIDADES DIVERTIDAS

# 1. Piñata Primaveral

## ¡Viva la primavera!

### Necesitas...

- Cartulina
- Tijeras
- Pegamento
- Flores secas o de papel
- Papel de seda
- Cintas
- Pegamento

Montamos la piñata con la cartulina

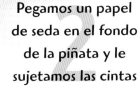

Pegamos un papel de seda en el fondo de la piñata y le sujetamos las cintas

Pegamos las flores, naturales o de papel, en la piñata y la llenamos de juguetes y chuches

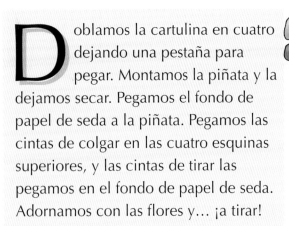

Doblamos la cartulina en cuatro dejando una pestaña para pegar. Montamos la piñata y la dejamos secar. Pegamos el fondo de papel de seda a la piñata. Pegamos las cintas de colgar en las cuatro esquinas superiores, y las cintas de tirar las pegamos en el fondo de papel de seda. Adornamos con las flores y... ¡a tirar!

# 2. Cadeneta de fresas

## ¡Fresas salvajes!

**1** Hacemos pliegues a una tira de papel rojo de unos 5 cm

**Necesitas...**
- Papel rojo
- Lápiz
- Tijeras
- Pintura blanca
- Pintura verde

**2** Dibujamos una fresa que debe tocar los bordes en varios puntos

**3** Cortamos la forma de la fresa

**4** Pintamos los detalles, como las semillas de las fresas y los rabos

Doblamos sobre sí misma una tira de papel tan larga como queramos que sea la cadeneta. Cada pliegue tendrá unos 5 cm. Dibujamos una fresa en el primer pliegue, cuidando de que tenga varios puntos de contacto con los dobleces. Cortamos la fresa respetando los puntos de contacto. Desplegamos la cadeneta. Pintamos puntitos blancos en las fresas, y los rabos y las hojas de verde. ¡A decorar!

# 3. Tubo de lluvia

## ¡Que llueva, que llueva...!

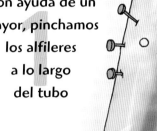

### Necesitas...

- Un tubo de cartón largo con tapa
- Un puñado de guisantes
- De 50 a 100 clavos finitos o alfileres gordos
- Pinturas
- Pegamento

Con ayuda de un mayor, pinchamos los alfileres a lo largo del tubo

**1**

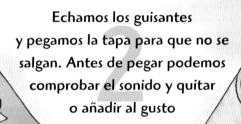

Echamos los guisantes y pegamos la tapa para que no se salgan. Antes de pegar podemos comprobar el sonido y quitar o añadir al gusto

**2**

Pintamos el tubo con motivos «mojados», como gotas de lluvia, paraguas, nubes...

**3**

Pinchamos los alfileres a todo lo largo de un tubo de esos de guardar planos. Metemos en el tubo un puñado de guisantes y tapamos. Pegamos la tapa. Pintamos el tubo con motivos alusivos, como un chaparrón de gotas de lluvia, una colección de nubes... Ponemos el tubo vertical, y los guisantes al caer entre los alfileres producirán un ruido como de lluvia.

# 4. Muñeco de nieve de papel maché

## ¡Qué frío!

### Necesitas...

- Papel de periódico a tiras
- Cola
- Dos globos
- Pintura blanca y de colores
- Pinceles
- Brocha pequeña

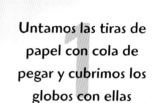

**Untamos las tiras de papel con cola de pegar y cubrimos los globos con ellas** 1

**Pegamos una bola sobre la otra y las pintamos de blanco. Dejamos secar** 2

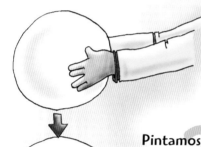

**Pintamos los rasgos del muñeco de nieve y lo vestimos** 3

**P**rimero cortamos muchas tiras de papel de periódico. Inflamos dos globos: uno más grande y otro más pequeño. Untamos las tiras de papel con cola de pegar y las vamos poniendo sobre los globos. Cuando tengan por lo menos seis capas de papel los dejamos secar durante uno o dos días. Pintamos las bolas de blanco y dejamos que se seque la pintura. Decoramos el muñeco con pinturas de colores y le ponemos una bufanda de papel de color para que no pase frío.

# 5. Pajitas calavera

## ¡Alegría, bucaneros!

### Necesitas...

- Pajitas
- Cartulina
- Lápiz
- Rotulador de punta fina
- Tijeras

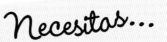

Dibujamos las calaveras primero con lápiz y repasando después con el rotulador

**1**

Con cuidado cortamos las calaveras

**2**

Hacemos dos cortes, metemos la pajita y... ¡adelante, corsarios y bucaneros!

**3**

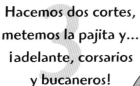

Una fiesta pirata que se precie necesita su atrezzo, y unas pajitas-calavera dan mucho ambiente en la reunión de los más sangrientos bucaneros del Caribe. En una cartulina blanca dibujamos con cuidado tantas calaveras como invitados tengamos. Recortamos las calaveras con ayuda de mamá. Hacemos dos cortes horizontales en cada calavera, introducimos las pajitas por los cortes y... ¡a navegar!

# 6. Collage de los sueños

## Un collage muy aparente

### Necesitas...

- Revistas y tebeos
- Tijeras de papel
- Pegamento de barra
- Cartulina

**1** Vamos buscando las fotos e ilustraciones con más color

**2** Pegamos las fotos y dibujos sobre la cartulina, dando forma a nuestro sueño

Cogemos un montón de revistas y tebeos que ya hayamos leído muchas veces; es conveniente que mamá o papá den el visto bueno, no vayamos a recortar justo la revista que ellos querían leer. Seleccionamos las fotos y los dibujos que más nos gusten y en una cartulina blanca vamos pegando con pegamento de barra las ilustraciones seleccionadas. Hay que ir viendo cómo quedan para que el collage resulte muy bonito; es decir, como un sueño. Después podemos colgarlo en la pared y enseñárselo a los amigos.

# 7. Huellas sobre la camiseta

## ¡Me ha pisado un oso!

### Necesitas...

- Una camiseta
- Pintura para tela del color que más nos guste
- Pinceles

**1** Ponemos la camiseta sobre la mesa o sobre un libro que sea grande y duro

**2** Con cuidado pintamos las huellas de oso (un círculo grande y otros más pequeños a un lado)

**3** Le pedimos a mamá que la planche del revés para fijar la pintura

Estiramos bien estiradita una camiseta de color claro sobre una mesa o se la ponemos a un libro grande. Con pintura de tela del color que más nos guste dibujamos sobre la camiseta las huellas de un terrible oso de las montañas. Dejamos que se sequen un poco y le pedimos a mamá que planche la camiseta del revés para fijar la pintura. Ya podemos correr y gritar: «¡Socorro! !Me ha pisado un oso!»

# 8. Tarjetas del conjuro

## ¡Fiesta de brujas!

### Necesitas...

- Cartulina
- Pinturas
- Tijeras de papel
- Cintas de color
- Bolígrafo

Hacemos la silueta de una bruja, que vamos a usar de patrón para todas las demás, la mitad del derecho y la mitad del revés **1**

Se unen de dos en dos (una del derecho y otra del revés) con cintas de color **2**

Pintamos la bruja de fuera y escribimos el conjuro por dentro **3**

Pintamos la silueta de una bruja en una cartulina y la recortamos. Usándola de modelo dibujamos el doble de siluetas que invitaciones queramos hacer. Una vez pintada la mitad damos la vuelta a la bruja para hacer las partes de atrás. Pintamos la cara de la bruja de colores. Una vez secas las brujas escribimos dentro la invitación/conjuro. Os la podéis inventar o copiar ésta:

> Un sapo y una hormiga,
> con miles de burbujas.
> Te invito amigo o amiga
> a una fiesta de brujas.

Y añadís la fecha y el lugar de la fiesta.

# 9. Tinta invisible

## ¡Mensajes secretos!

Necesitas...
- Un limón
- Un cuenco
- Un pincel
- Papel

Exprimimos el limón y ponemos el jugo en el cuenco **1**

Mojamos el pincel o la pluma en el limón y escribimos el mensaje secreto **2**

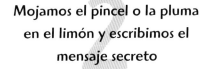

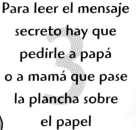

Para leer el mensaje secreto hay que pedirle a papá o a mamá que pase la plancha sobre el papel **3**

Para mandar mensajes secretos a los amigos que conozcan la técnica del espía, exprimimos un limón en un cuenco y usando el jugo del limón como tinta escribimos un mensaje secreto. Para ver el mensaje, tu amigo o amiga tiene que pedir la ayuda de un mayor: sólo hay que pasar la plancha sobre el mensaje invisible y… ¡hale hop!, aparecerá.

# 10. Máscara monstruosa

## ¡Ay, qué miedo!

Con mucho cuidado para no tapar la nariz, cubrimos la cara del futuro monstruo con vendas de escayola humedecidas previamente con agua **1**

**Necesitas...**
- Vendas de escayola
- Tijeras
- Lanas o hilos viejos

Pintamos la máscara con colores horrorosos, le hacemos dos agujeritos a la altura de las orejas y ponemos dos cintas para sujetarla a la cabeza **2**

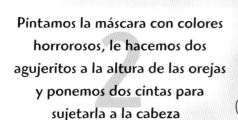

Una vez seca adornamos la máscara con verrugas, cicatrices... que hacemos con trocitos de venda de escayola humedecidos en agua **3**

Con venda de escayola vamos cubriendo la cara del futuro monstruo (**MUCHO CUIDADO DE NO TAPAR LA NARIZ: HAY QUE RESPIRAR**). Es aconsejable poner papel higiénico cubriendo el pelo más cercano a la cara para que la escayola no se adhiera a él, y también tenemos que poner crema hidratante en la cara del futuro monstruo antes de aplicar la venda. Una vez seca la máscara, la despegamos con cuidado de la cara de nuestro niño-modelo y le añadimos los detalles monstruosos: bultos, verrugas, pelos, cicatrices... Hacemos dos agujeritos a la altura de las orejas y atamos dos cintas en los agujeros para sujetar la máscara a la cabeza. Pintamos la máscara lo más horrorosa posible y... !uuhhhh! ¡a asustar a todo el mundo!

# 11. Bufón portavelas

## ¡Ay, qué divertido!

### Necesitas...

- Masa para modelar de barro, no de papel
- Pinturas
- Una vela

**Modelamos la pasta hasta formar la figura de un bufón. Puedes inspirarte en el dibujo o inventar tu bufón particular** 1

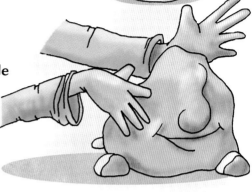

**Antes de que se seque introducimos la vela por la parte superior de la cabeza para hacer el agujero. Tiene que quedar justo para que luego la vela no baile sevillanas** 2

**Pintamos el bufón y hemos terminado** 3

Con pasta de modelar de barro, de la que seca sola al aire sin necesidad de cocción, formamos la cabeza de un bufón. Hay que tener paciencia y darle forma con cuidado. Una vez formada la cabeza y antes de que se seque la pasta metemos una vela por la parte superior para hacer un agujero. Tiene que quedar justo del mismo grosor que la vela. Una vez seca la pasta pintamos al bufón de colores y... ¡alegre luz para todos!

# 12. Cohete espacial

## ¡Jiuston, no problemo!

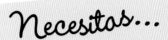

### Necesitas...

- Tres cartulinas, una Din-A3 y dos Din-A4
- Unas tijeras de cortar papel
- Pegamento
- Pinturas

Enrollamos en forma de cono una cartulina Din-A4, pegamos el borde y pintamos la cápsula espacial (con sus escotillas, sus astronautas, un alien escondido...)

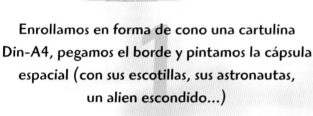

Enrollamos la cartulina Din-A3 en forma de cilindro, pegamos y pintamos el cuerpo del cohete

Con la otra cartulina hacemos los alerones del cohete. Los pegamos al cuerpo y ponemos la cápsula encima

Hacemos un cono con una cartulina, pegamos el borde y pintamos una cápsula espacial. Con otra cartulina más grande hacemos un cilindro, lo pegamos y lo pintamos para formar el cuerpo del cohete. Con una cartulina como la primera hacemos los alerones del cohete cortándola en un cuadrado y luego en sus diagonales (ver dibujo). Doblamos unas pestañas y pegamos los alerones al cohete. Pegamos la cápsula al cuerpo del cohete y... ¡a explorar lejanas galaxias!

# 13. Móvil de estrellas

## ¡Danzad estrellas, danzad!

### Necesitas...

- 7 palos finos
- Hilo de pescar
- Cartulina plateada
- Pegamento
- Tijeras
- Lápiz

Pintamos las estrellas con el lápiz sobre la cartulina plateada

Se recortan las estrellas y se pegan de dos en dos, dejando un hilo de pescar en medio. Todos los hilos deben tener la misma longitud

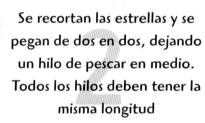

Se atan los hilos a los palos según el dibujo y se cuelga el móvil

En una cartulina plateada se pintan las estrellas; suelen tener un lado de papel por el que es más fácil pintar. Se recortan con cuidado y las pegamos de dos en dos, dejando en medio un hilo de pescar. Los hilos deben ser todos igual de largos. Sujetamos cada hilo al extremo de uno de los palos. Los palos se unen entre sí con otro hilo sujeto al centro del siguiente palo. Atamos otras estrellas al final de los hilos centrales, colgamos el móvil y... ¡a contemplar la danza de las estrellas!

# 14. Reloj de sol

## ¿Qué hora es, señor Sol?

### Necesitas...

- Una base de madera
- Un triángulo del mismo material
- Pinturas y pincel
- Pegamento

**1** Para graduar el reloj de sol necesitarás otro, o preguntarle la hora a un mayor

**3** Pintamos el triángulo y lo pegamos sobre la base

**2** Decoramos la base con muchos colores

**4** Con ayuda del reloj o de un mayor hacemos una marca en la base cada hora

Cogemos una base de madera y la decoramos como más nos guste. Con una pieza del mismo material y de forma triangular vamos a hacer la «aguja». Pegamos la «aguja» en vertical sobre la base, de forma que la luz del sol produzca una sombra. Según va pasando el tiempo, la sombra irá marcando diferentes puntos de la base. Es importante no mover la base de sitio. Vamos mirando la hora o preguntándola y cada hora hacemos una marca en la base, según la posición de la sombra. ¡Ya tenemos un auténtico reloj de sol!

# 15. Pompas de jabón

## ¡Flota, flota!

### Necesitas...

- Agua
- Un bote de detergente de lavar platos
- Un botecito de glicerina
- Un barreño
- Una taza

**Mezclamos media taza de detergente lavavajillas, 6 tazas de agua y dos cucharadas de glicerina** 1

**Agitamos bien la mezcla y probamos a ver si hace pompas con facilidad. 2 Para ello nos sirve un alambre en cuya punta doblamos un círculo**

**Para que la solución funcione bien hay que dejarla reposar durante cuatro o cinco días** 3

Para hacer flotar esas diminutas y mágicas pompas sólo necesitamos una solución jabonosa y un «pompero». Una buena receta de solución jabonosa es: media taza de lavavajillas, seis tazas de agua, dos cucharadas de glicerina (se compra en farmacias) y un montón de paciencia, porque después de mezclar bien los ingredientes, hay que dejar reposar la mezcla durante cuatro o cinco días. Para hacer un «pompero» basta con coger un alambre de esos forrados de plástico y doblar uno de sus extremos formando un círculo. Cuanto más grande sea el «pompero», más grandes serán las pompas. Si es muy grande no soples, muévelo suavemente y el viento hará salir las burbujas.

# 16. Peter Pan volador

## ¡La segunda estrella a la derecha...!

### Necesitas...

- Pinturas
- Una cartulina
- Un cartón grueso
- Tijeras
- Pegamento
- Una pesa
- Hilo

**Dibujamos un Peter Pan en una cartulina** 1

**2 Usándolo de patrón pintamos otro al revés**

**Pegamos a Peter en un cartón. Lo recortamos y pegamos la otra parte. Ponemos una pesa en el cuerpo** 3

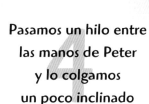

**Pasamos un hilo entre las manos de Peter y lo colgamos un poco inclinado** 4

Para tener un Peter Pan volador primero hay que dibujarlo sobre una cartulina. Lo recortamos y, dándole la vuelta, lo usamos de patrón para hacer la otra cara. Ahora pegamos a Peter en un cartón grueso y lo recortamos (si el cartón es muy duro, mejor pedir ayuda a papá o a mamá, porque habrá que cortarlo con un cúter). Pegamos algo que pese en el cuerpo. Entre las manos unidas de Peter pasamos un hilo y lo colgamos un poco inclinado: entre dos paredes, los postes de la cama, y... ¡a volar, Peter Pan!

# 17. Cestas de papel

## ¿Dónde vas, Caperucita?

### Necesitas...

- Cartulinas de colores
- Tijeras para papel
- Pegamento de barra

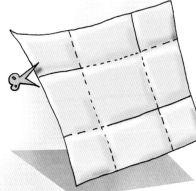

Hacemos cuatro cortes cerca de las esquinas para formar unas pestañas **1**

Doblamos como en el dibujo y pegamos las pestañas **2**

Para el asa, cortamos una tira de cartulina de otro color **3**

Rellenamos las cestas con dulces y regalos **4**

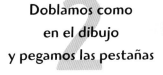

Unas pequeñas cestas de cartulina pueden ayudarnos mucho en una fiesta. Para hacerlas, cogemos una cartulina de unos 25 cm de lado y le hacemos cuatro cortes cerca de las esquinas, de modo que quede un cuadrado más pequeño (ver dibujo) y doblamos como en la ilustración. Utilizando los pequeños cuadrados como pestañas, pegamos los laterales de la cesta. Con una tira de cartulina de otro color (de unos 30 cm de largo y 5 cm de ancho), hacemos el asa. Las llenamos de chuches, pequeños juguetes, y… ¡cuidado con el lobo!

# 18. Macetas de cáscara de huevo

## ¡Cáscaras, qué macetas!

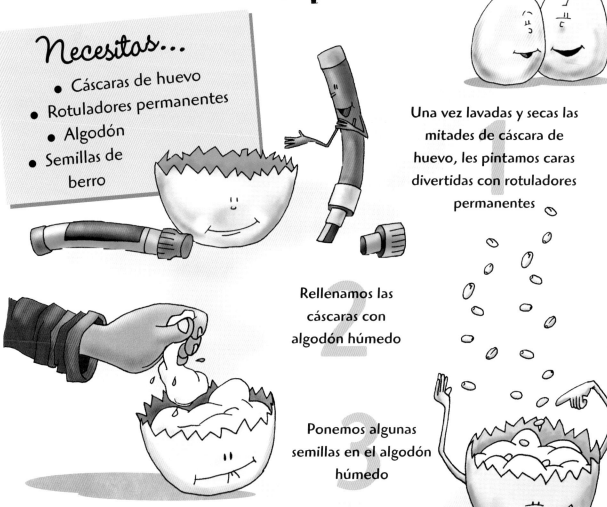

### Necesitas...

- Cáscaras de huevo
- Rotuladores permanentes
- Algodón
- Semillas de berro

**1** Una vez lavadas y secas las mitades de cáscara de huevo, les pintamos caras divertidas con rotuladores permanentes

**2** Rellenamos las cáscaras con algodón húmedo

**3** Ponemos algunas semillas en el algodón húmedo

Le pedimos a mamá o a papá (al próximo que vaya a hacer una tortilla) que nos guarde las cáscaras de huevo. Las lavamos y secamos –con cuidado, porque son muy frágiles–. Con rotuladores permanentes pintamos unas caras divertidas, o lo que nos apetezca, en las macetas. Introducimos un algodón húmedo en cada cáscara y ponemos las semillas de berro. Colocamos las «macetas» en la huevera, y ésta junto a una ventana donde dé el sol. Al cabo de unos días, «¡al rico berro!»

# 19. Tornado embotellado

## ¡Atrapa el tornado!

**Necesitas...**
- Dos botellas de plástico
- Agua
- Colorante alimentario
- Cinta adhesiva

**1** Llena una botella de plástico hasta las tres cuartas partes de agua con unas gotas de colorante alimentario

**2** Coloca otra botella sobre la primera –debe estar bien equilibrada– y únelas con cinta adhesiva

**3** Haz pasar el agua de una botella a otra

**4** Deja el agua en la botella de arriba y pon ambas botellas sobre la mesa

Cogemos una botella de plástico y la rellenamos de agua, añadiendo unas gotas de colorante alimentario. Ponemos otra botella sobre la primera y las unimos bien con cinta adhesiva. Hacemos pasar el agua de una botella a la otra. Dejando el agua en la botella de arriba, las depositamos sobre la mesa y… ¡socorro, el tornadoooo!

# 20. Caza prehistórica

## ¡Diplodocus a mí!

### Necesitas...

- Una cartulina grande
- Pinturas
- Un cartón
- Una tela vieja
- Cinta adhesiva de doble cara

**1** En una cartulina dibujamos la silueta de tres dinosaurios

**2** En un cartón dibujamos una lanza, la forramos con tela y pegamos cinta adhesiva de doble cara por detrás

**3** Dividimos los dinosaurios en zonas y a cada una le damos un valor

Pintamos la silueta de tres dinosaurios en una cartulina y la pegamos en la pared. Dibujamos una lanza terrible en un cartón de 30 por 15 cm. Pegamos una tela a la lanza de cartón y la recortamos siguiendo la forma de ésta para que la lanza quede más real. Por la parte de atrás de la lanza terrible pegamos una cinta adhesiva de doble cara. Dividimos los dinosaurios en distintas zonas y a cada una le asignamos un valor en puntos. El juego trata de que te acerques, con los ojos vendados con un pañuelo, al dinosaurio y pegues la lanza. El que más puntos consiga, gana. ¡Buena caza prehistórica!

# 21. Éstos son mis colores

## ¡Fiesta de color!

**En varios pliegos de papel de seda dibujamos ocho círculos de distintos colores**

**Recortamos los círculos y los doblamos en cuadrantes**

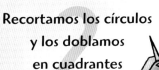

**Ponemos todos los círculos doblados juntos y los cosemos (con ayuda de mamá) por el vértice, dejando un trozo de hilo suelto**

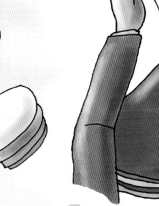

**Abrimos los círculos de papel y colgamos el pompón del hilo**

Con papel de seda de colores dibujamos ocho círculos. Los recortamos y los doblamos en cuadrantes (es decir, con cuatro dobleces). Unimos los círculos doblados por el vértice. Cosemos los círculos entre sí con un par de puntadas, dejando un hilo largo. Abrimos los círculos de papel haciendo farolillos redondos que se puedan colgar por el hilo para decorar tu fiesta.

# 22. La cadena del arco iris

## ¡Toma colores!

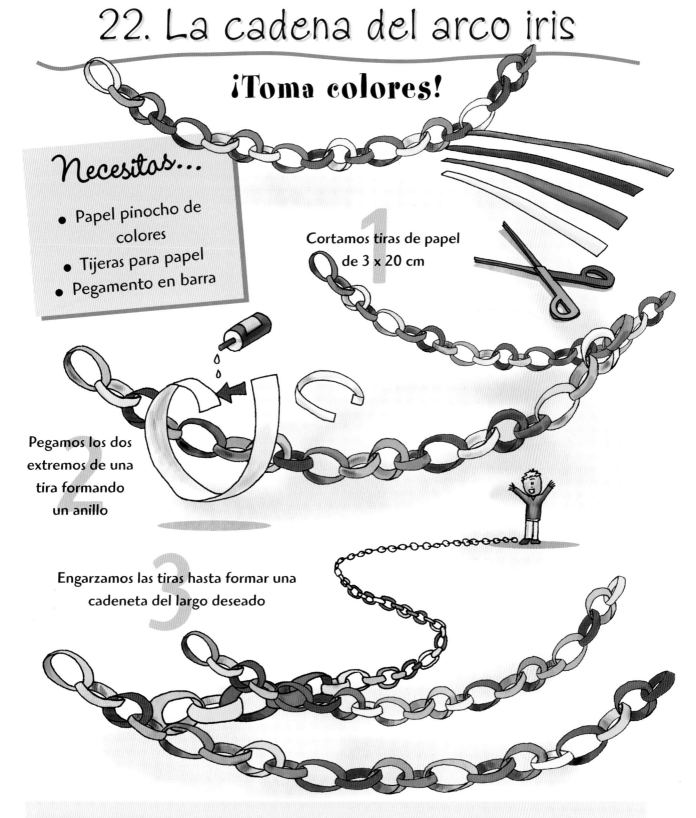

### Necesitas...

- Papel pinocho de colores
- Tijeras para papel
- Pegamento en barra

**1** Cortamos tiras de papel de 3 x 20 cm

**2** Pegamos los dos extremos de una tira formando un anillo

**3** Engarzamos las tiras hasta formar una cadeneta del largo deseado

Cortamos tiras de papel pinocho de varios colores de 3 x 20 cm. Pegamos una de las tiras por los extremos formando un círculo. Vamos encadenando tiras y pegando sus extremos; cuando tengamos la cadeneta del largo que queremos la colgamos. Si elegimos los colores cuidadosamente tendremos una decoración muy efectiva.

# 23. El teatrillo

## ¡Vamos a hacer teatro!

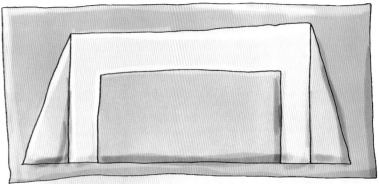

### Necesitas...

- Una cartulina grande
- Gouache o lápices de colores
- Tijeras

**En una cartulina resistente pintamos el teatrillo y los personajes**

*1*

**Recortamos el teatrillo y los personajes**

*2*

**Con gouache o lápices de colores decoramos el teatrillo y los personajes**

*3*

En una cartulina gruesa o en un cartón dibujamos el teatrillo y los personajes con los que queramos jugar. Recortamos el teatrillo y los personajes. Con cuidado decoramos el teatrillo y los muñecos: podemos usar gouache (pintura al agua) o lápices de colores. Una vez seca la pintura, doblamos las pestañas y ponemos en pie el teatro de la fantasía. Ya podéis dar rienda suelta a vuestra imaginación.

# 24. Felicitaciones floridas

## ¡Un jardín en la tarjeta!

### Necesitas...

- Cartulinas tamaño Din-A4
- Lápices de colores
- Flores secas
- Pegamento

Cortamos una cartulina Din-A4 por la mitad y doblamos cada una de las mitades formando una tarjeta **1**

En la cara que queda por fuera hacemos un dibujo lo más bonito posible **2**

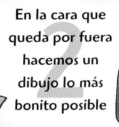

En el interior escribimos el mensaje que queremos mandar a nuestros amigos **3**

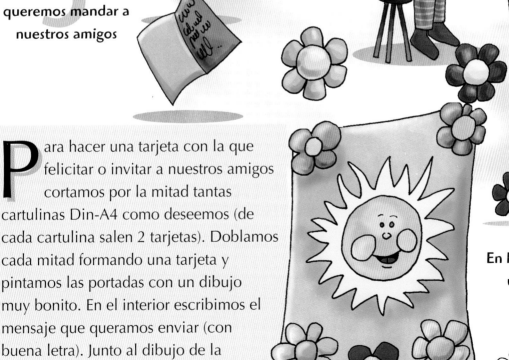

En la portada se pegan unas flores secas **4**

Para hacer una tarjeta con la que felicitar o invitar a nuestros amigos cortamos por la mitad tantas cartulinas Din-A4 como deseemos (de cada cartulina salen 2 tarjetas). Doblamos cada mitad formando una tarjeta y pintamos las portadas con un dibujo muy bonito. En el interior escribimos el mensaje que queramos enviar (con buena letra). Junto al dibujo de la portada pegamos unas flores secas y... ¡a felicitar a los amigos!

# 25. Varita mágica

## ¡Magia verás y el truco sabrás!

Pintamos un palo lo más recto posible con pintura dorada. Es mejor pedir ayuda a mamá o a papá para no mancharlo todo **1**

### Necesitas...

- Un palo recto
- Pintura dorada y plateada
- Cartulina
- Pegamento

**2** En una cartulina pintamos una estrella

**3** Pintamos la estrella de plateado

**4** Pegamos la estrella en la parte superior de la varita y... ¡a encantar todo lo que se mueva!

Para hacerse una auténtica varita mágica hay que conseguir un palo lo más recto posible. Pintamos el palo de dorado con ayuda de un mayor. En una cartulina pintamos una estrella. Recortamos la estrella y la pintamos de plateado por las dos caras. Pegamos la estrella en la parte superior de la varita y... ¡magia potagia!

# 26. Las piedras de la risa

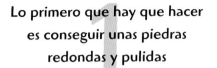

## ¡Qué piedras más divertidas!

### Necesitas...

- Piedras lisas (de río, de playa...)
- Lápiz o tiza
- Gouache o pintura acrílica
- Pincel
- Spray barniz fijador

**1** Lo primero que hay que hacer es conseguir unas piedras redondas y pulidas

**2** Con un lápiz o una tiza dibujamos el contorno de lo que queremos pintar en cada piedra

**3** Con gouache o acrílicos rellenamos el dibujo

**4** Con un spray fijador barnizamos la piedra y... ¡ya está!

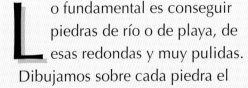

Lo fundamental es conseguir piedras de río o de playa, de esas redondas y muy pulidas. Dibujamos sobre cada piedra el boceto de lo que queramos pintar; podemos usar un lápiz o una tiza. Con gouache o pintura acrílica rellenamos el dibujo definitivo y lo dejamos secar. Barnizamos las piedras con un spray fijador y... ¡ya tenemos pisapapeles, adornos o regalos muy originales!

# 27. Vuela, vuela mariposa

## ¡Oh, una linda mariposa!

### Necesitas...

- Láminas de papel charol de varios colores
- Un alambre
- Tijeras

**1** Cortamos tres pajaritas como ésta de papel charol de distintos colores

**2** Ponemos las pajaritas una encima de la otra

**3** Retorcemos un alambre como en el dibujo

**4** Sujetamos la mariposa de papel charol al extremo del alambre con la última vuelta de éste

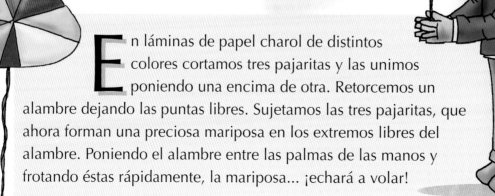

En láminas de papel charol de distintos colores cortamos tres pajaritas y las unimos poniendo una encima de otra. Retorcemos un alambre dejando las puntas libres. Sujetamos las tres pajaritas, que ahora forman una preciosa mariposa en los extremos libres del alambre. Poniendo el alambre entre las palmas de las manos y frotando éstas rápidamente, la mariposa... ¡echará a volar!

# 28. Móvil musical

## ¡Vuelo con ritmo!

### Necesitas...

- 7 palos finos
- Hilo de pescar
- Cartulina
- Pinturas de colores
- Pegamento
- Tijeras
- Lápiz

**1** En una cartulina pintamos las distintas notas musicales (clave de sol, fusas, corcheas...)

**2** Coloreamos las notas

**3** Pegamos un hilo a cada una de las notas

**4** Montamos el móvil y lo colgamos en nuestra habitación

En una cartulina se pintan las notas musicales y luego se recortan con cuidado. Pintamos las notas de colores y pegamos en cada nota un hilo de pescar (los hilos deben ser todos igual de largos). Sujetamos cada hilo al extremo de uno de los palos. Los palos se unen entre sí con otro hilo sujeto al centro del siguiente palo. Atamos otras notas al final de los hilos centrales, colgamos el móvil y... ¡que vuele la música!

# 29. El cuadro genial

## ¡Toma ya, Picasso!

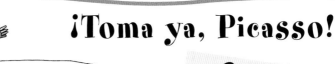

**Necesitas...**
- Un gran pliego de papel
  - Chinchetas
- Periódicos viejos
- Ropa vieja
- Botes de pintura

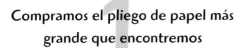

Compramos el pliego de papel más grande que encontremos

Sujetamos el papel a la pared con chinchetas, y ponemos debajo papeles de periódico para no manchar el suelo

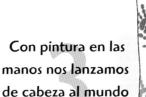

Con pintura en las manos nos lanzamos de cabeza al mundo del arte

Pintar un cuadro abstracto puede ser muy divertido; sólo hay que seguir unas sencillas normas para que mamá y papá no se enfaden. Con unas chinchetas sujetamos a la pared un gran pliego de papel y protegemos el suelo bajo el lienzo con papeles de periódico para no mancharlo con las gotas que salpiquen. Los artistas suelen ponerse ropa vieja para trabajar. Una vez todo preparado sólo hay que coger los botes de pintura para dedos y empezar a crear. ¡Prepárate, Picasso!

# 30. Abanicos de papel

## ¡Al rico airecito!

### Necesitas...

- Papel
- Lápices de colores
- Un regla
- Papel celo o pegamento

**Lo primero es hacer un dibujo en el papel** 1

**Con la regla marcamos rayas en el papel cada 2 cm** 2

**Doblamos el papel por las señales en forma de acordeón y... ¡a darse aires!** 3

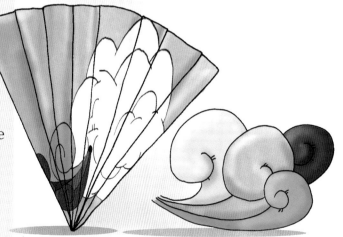

Para hacer unos abanicos de lo más aparente sólo necesitamos un papel, unos lápices de colores y una regla. Lo primero que hacemos es pintar en el papel un dibujo fantástico. Con la regla marcamos por la parte más larga del papel cada 2 cm. Doblamos con mucho cuidado en forma de acordeón. Pegamos un extremo con papel celo o cola para que el acordeón quede abierto sólo por un lado. Y ya podemos pasear por la feria de Sevilla dándonos aires con nuestro abanico.

# 31. Asalto a la diligencia

## ¡Esto es un asalto!

### Necesitas...

- Una caja de cartón rectangular
- Papel charol
- Cartulina
- Papel de seda
- Tijeras
- Pegamento

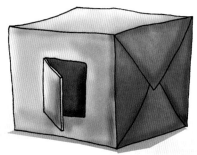

Cogemos una caja rectangular de cartón que sea un poco grande y recortamos una puerta en uno de los laterales **1**

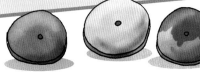

Con papel charol adornamos la diligencia **2**

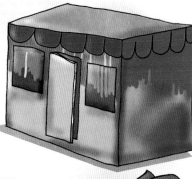

Pintamos cuatro ruedas y las pegamos **3**

Hacemos unas pelotas de papel de seda **4**

Tomando una caja de cartón rectangular como base vamos a hacer el juego de la diligencia. Abrimos una puerta rectangular en uno de los laterales de la caja. Con papel charol decoramos la caja hasta darle aspecto de diligencia (con caballos y cochero queda mejor). Dibujamos cuatro ruedas en cartulina, las recortamos y las pegamos en la diligencia. Con papeles de seda de distinto color para cada equipo hacemos pelotas. Se fija un punto desde el que tirar (con un cordón estirado en el suelo, por ejemplo) y todos lanzan las pelotas a la vez. Al final, el equipo que más pelotas haya metido por la puerta de la diligencia gana la partida.

# JUEGOS
## con los amigos

# 1. Plantar margaritas

## ¿Me quiere, no me quiere?

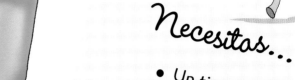

Cogemos un tiesto y ponemos en el fondo una capa de pequeñas piedras

**Necesitas...**

- Un tiesto
- Piedras de río
- Tierra
- Semillas de margarita
- Agua

Llenamos el tiesto de tierra de plantar (mantillo) hasta las tres cuartas partes

Cubrimos las semillas con una capa fina de tierra y regamos un poquito

Sembramos unas semillas de margarita

Cogemos un tiesto y en su fondo ponemos una capa de piedras de río pequeñas para que no se estanque el agua y no se pudran las plantas. Llenamos el tiesto hasta las tres cuartas partes de tierra de plantar. Echamos las semillas y las cubrimos con una fina capa de tierra. Regamos. Ponemos el tiesto junto a una ventana y en pocos días saldrán unas flores preciosas. Tened en cuenta que este es un juego para primavera y que hay que mantener la tierra húmeda pero no encharcada.

# 2. Frío y caliente

## ¡Frío, frío, caliente, caliente!

### Necesitas...

- Una caja de cartón
- Boli y papel
- Un objeto cualquiera para esconder

Se ponen los nombres de todos en una caja y se saca uno sin mirar **1**

Al que le toca sale de la habitación **2**

Se esconde un objeto en algún lugar de la habitación **3**

El de fuera entra y lo busca. Según esté cerca o lejos, los demás le gritan: «¡Frío, frío!», «¡Caliente, caliente!» **4**

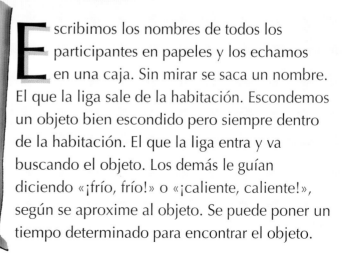

Escribimos los nombres de todos los participantes en papeles y los echamos en una caja. Sin mirar se saca un nombre. El que la liga sale de la habitación. Escondemos un objeto bien escondido pero siempre dentro de la habitación. El que la liga entra y va buscando el objeto. Los demás le guían diciendo «¡frío, frío!» o «¡caliente, caliente!», según se aproxime al objeto. Se puede poner un tiempo determinado para encontrar el objeto.

# 3. El paquete musical

## ¡Eurovisión a domicilio!

**Necesitas...**
- Boli y papel
- Cajitas
- Papel de regalo o bolsitas ya compradas

**1** Se escriben en papeles los títulos de tantas canciones conocidísimas como participantes haya

**2** Se guardan de uno en uno en paquetes de colores

**3** Cada uno de los participantes coge un paquete del montón

**4** Por turno cada uno abre el paquete y canta para todos la canción

Se escriben tantos papeles con títulos de canciones como participantes haya en el juego. Se empaquetan por separado en envases atractivos. Podemos hacer nosotros los paquetes o comprar bolsas de regalo. Una buena idea es ponerlas en cestitas. Cada participante saca un paquete del montón. Por turno se van abriendo los paquetes y cada uno canta la canción que le haya tocado. Es conveniente que haya un pequeño obsequio para cada participante.

# 4. Estatuas sonoras

## ¡Pies quietos!

### Necesitas...

- Un radiocasete o reproductor de CD
- Cintas o CD's de música variada

**Los participantes se ponen en un corro. El organizador del juego pone una canción** 1

**Los niños bailan al son de la música** 2

**El organizador para la música y todos se quedan en la posición en la que estaban sin moverse** 3

**Cuando para la música, el que se mueva sale del corro. El último que queda gana** 4

Se organiza un corro con los participantes. Se pone una canción animada para que bailen. A mitad de la canción el organizador para la música: todos los participantes deben quedarse quietos en la posición en que les haya sorprendido el silencio. Si te pilla con un pie en alto te tienes que quedar así; lo mismo si estás agachado o en cualquier posición difícil de mantener. Si el organizador ve a alguien moverse le hace salir del corro. El último que queda gana el juego.

# 5. El tesoro escondido

## ¡El tesoro del capitán Kid!

### Necesitas...

- Una caja con chuches o sorpresas
- Boli y papel

**El guía dibuja un mapa del tesoro**

**1**

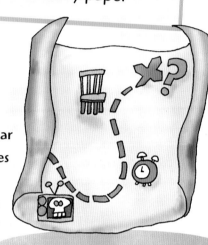

**El mapa debe estar hecho con lugares y objetos del entorno donde se vaya a jugar**

**2**

**El guía lleva a los niños a la búsqueda del tesoro**

**3**

Lo primero es esconder el tesoro del capitán Kid. Puede ser una caja bonita llena de chuches o pequeños regalos. Luego se dibuja un mapa del tesoro para llegar hasta allí. Las pistas del mapa deben ser objetos o lugares del entorno donde se vaya a jugar. Conviene adornar las pistas con fantasía: si hay un árbol, que sea el árbol de los colgados; si es una mesa, explicar que allí se sentaba el jefe de los bucaneros a juzgar a sus prisioneros... Se guía a los niños a través de las pistas como si se les contara un cuento. Cuando se encuentra el tesoro se celebra una fiesta pirata y se reparten las chuches y los regalos.

# 6. El parpadeo indiscreto

## ¡El sueño del asesino!

### Necesitas...

- Cartulina
- Lápiz
- Pinturas
- Tijeras

**1** Se cortan tantas cartulinas del tamaño de un naipe como participantes haya en el juego

**2** En una de ellas se pinta un asesino terrorífico

**3** En otra se pinta un valiente y osado detective

**4** Se reparten las cartas sin que se vean. El asesino tiene que «matar» a los demás guiñándoles un ojo. El detective tiene que atraparlo

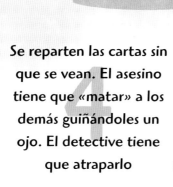

Para jugar al «sueño del asesino» hay que cortar tantas cartulinas, más o menos como un naipe de grandes, como participantes haya. En una se pinta un feroz y amenazante asesino, y en otra se pinta un audaz detective con su lupa y todo. Se reparten las cartulinas y todos las miran en secreto. El asesino tiene que guiñar un ojo a los demás, uno a uno, sin que el detective se dé cuenta. Cuando el asesino le guiña un ojo a alguien, éste se hace el muerto. El detective tiene que atrapar al terrible criminal antes de que siga matando.

# 7. Salta, salta conejito

## ¡Vaya carrera de sacos!

### Necesitas...

- Cartón
- Tijeras
- Pegamento
- Pinturas
- Bolsas de plástico de escombros

**1** Se pinta una zanahoria gigante de cartón y se sitúa donde vaya a estar la meta

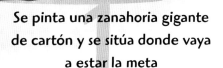

**2** Se pintan unas orejas de conejo y se pegan en unas diademas para ponérselas a los participantes

**3** Los participantes se sitúan en la línea de salida y meten las piernas en un saco

**4** El primero que coge la zanahoria gana

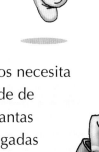

Esta variante de la clásica carrera de sacos necesita un poco de atrezo: una zanahoria grande de cartón para situar en la línea de meta, tantas diademas con orejas de conejo pintadas y pegadas como participantes haya y sacos para todos los participantes (pueden ser bolsas de escombros de plástico; las de basura se suelen romper enseguida). Se da la salida y todos avanzan a saltos. El primero en coger la zanahoria gana la carrera de los conejos.

# 8. El ojo que todo lo ve

## ¿Qué tal esa memoria?

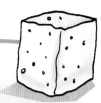

## Necesitas...

- Una bandeja
- Al menos, 10 objetos pequeños y variados (pinzas, clips, semillas, etc.)
- Una bolsa que no sea transparente

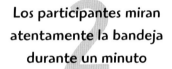

Se colocan un montón de objetos en una bandeja **1**

Los participantes miran atentamente la bandeja durante un minuto **2**

Se guardan los objetos en una bolsa opaca **3**

Los brujos y brujas participantes apuntan en un papel los objetos que recuerdan. Gana quien más se aproxime **4**

En una bandeja se pone un montón de objetos de diversas procedencias. Conviene que sean objetos pequeños y cotidianos sin rasgos especiales. Los participantes miran atentamente la bandeja para afinar sus poderes brujeriles. El organizador del terrible aquelarre guarda todos los objetos en una bolsa opaca. Los participantes intentan recordar lo que había en la bandeja; quien más recuerde, gana.

# 9. El fantasma volador

## ¡Aterrador!

### Necesitas...

- Una sábana vieja
- Rotuladores o pinturas especiales para tela

En una sábana vieja se pintan unos ojos de fantasma **1**

**2** Los niños se colocan alrededor de la sábana un poco separados y la sujetan por los bordes

**3** Los participantes levantan la sábana

**4** Se dicen en voz alta dos nombres y los dos tienen que cambiarse de lugar

Para jugar el juego del fantasma volador hay que conseguir una sábana vieja. Se le pintan dos ojos, boca, etc. Los participantes se sitúan alrededor de la sábana y la sujetan por los bordes. Levantan la sábana tirándola por los aires. Cuando está arriba se dicen los nombres de dos niños y tienen que cambiarse de sitio antes de que la sábana caiga al suelo. Aunque la sábana les tape pueden seguir jugando.

# 10. La carrera de los horrores

## ¡Sopla al monstruo!

### Necesitas...

- Globos de colores
- Rotuladores permanentes
- Cartón, tijeras y pinturas para hacer el decorado de la meta

**1** Se inflan y se pintan tantos globos como participantes haya

**2** Los participantes se sitúan en la línea de salida con su globo

**3** Sólo soplando, sin ayuda de las manos, hay que empujar el globo

**4** El primero o primera en llevar su globo hasta la meta, gana

Esta divertida y monstruosa carrera sólo necesita unos globos de colores y unos rotuladores permanentes. Se inflan los globos y se les pintan horribles y monstruosas caras. Cada uno de los participantes se sitúa en la línea de salida. Sin ayuda de las manos, sólo soplando, hay que llevar a nuestro monstruo hasta la línea de meta. La meta y la salida se pueden decorar con dibujos fantásticos, como el Castillo de Irás y No Volverás.

# 11. El desfile real

## ¡Hay que seguir al rey!

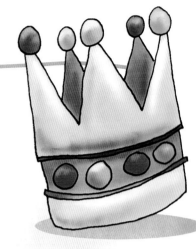

### Necesitas...

- Cartón
- Tijeras
- Lápices de colores

Lo primero es hacer una corona de cartón. Si parece de oro, mejor **1**

Se elige un rey por sorteo entre los participantes **2**

Todos tienen que hacer lo mismo que hace el rey **3**

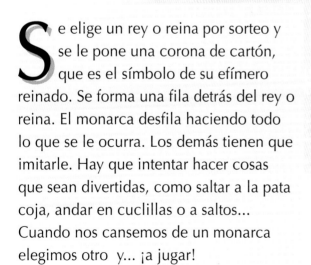

Se elige un rey o reina por sorteo y se le pone una corona de cartón, que es el símbolo de su efímero reinado. Se forma una fila detrás del rey o reina. El monarca desfila haciendo todo lo que se le ocurra. Los demás tienen que imitarle. Hay que intentar hacer cosas que sean divertidas, como saltar a la pata coja, andar en cuclillas o a saltos... Cuando nos cansemos de un monarca elegimos otro y... ¡a jugar!

# 12. Paseo espacial

## ¡A las estrellas!

### Necesitas...

- Una caja de cartón
- Tijeras
- Pajitas, cubiertos o cualquier objeto «tecnológico»
- Un cordón

**1** Se hace un casco de cartón y se adorna con «antenas parabólicas» y cacharros tecno-fantásticos

**2** Se pone un cordón en el suelo haciendo figuras dificultosas

**3** El astronauta recorre el camino de las estrellas sin pisar el suelo (sólo por el cordón)

**4** Si lo pisa tiene que empezar de nuevo

Para ejercer de explorador espacial hay que equiparse convenientemente. Con una caja de cartón hacemos el casco. Cortamos una ventana en uno de los laterales (si además lo forramos con papel de aluminio, mejor). Adornamos el casco con antenas y cacharros (sirve cualquier cosa: pajitas, cubiertos viejos...). Ponemos un cordón en el suelo dibujando un camino dificultoso y tremendo. El astronauta tiene que recorrerlo sin pisar el suelo; si lo pisa, debe volver a empezar.

# 13. Sombras lunares

## ¡El teatro de la luna!

Recortamos los personajes del cuento que vayamos a representar. Hay que pegarles una varita o un palo para manejarlos

### Necesitas...

- Cartón
- Tijeras
- Varillas o palos
- Cinta adhesiva
- Una sábana vieja
- Una lámpara

Colgamos una sábana como pantalla y por detrás ponemos una lámpara potente

Moviendo los muñecos entre la luz y la pantalla tendremos un teatro de sombras

Un teatro de sombras puede ser todo lo sencillo o todo lo complejo que uno quiera. Para empezar, os recomendamos algo fácil: por ejemplo, un cuento que os sepáis de memoria. Recortáis los personajes en cartón y les pegáis una varilla para manejarlos. Colgáis una sábana del techo para que haga de pantalla y detrás de la pantalla ponéis una lámpara potente. Moviendo los muñecos entre la lámpara y la pantalla se producirán en ésta las sombras de los muñecos y… ¡comienza el espectáculo!

# 14. La búsqueda del sol

## ¡Que te pilla el sol!

**Necesitas...**

- Un montón de amigos
- Un buen rato para jugar

Los niños se sientan formando un círculo **1**

El que la liga, al tocar una de las cabezas, dice: «¡sol!» y sale corriendo **2**

El «sol» sale corriendo tras el que le ha tocado **3**

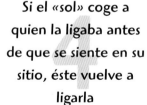

Si el «sol» coge a quien la ligaba antes de que se siente en su sitio, éste vuelve a ligarla **4**

Para jugar a este juego hay que ser más rápido que el mismo sol. Los niños se sientan en círculo. A su alrededor uno de ellos camina tocando suavemente las cabezas de los demás y diciendo: «luna, luna, luna...». De pronto, cambia y dice «sol» en vez de «luna». El recién nombrado «sol» sale corriendo detrás del que la ligaba. Si le coge, vuelve a ligarla.

# 15. El duende telépata

## ¡Soy el duende sabelotodo!

### Necesitas...

- 5 cartulinas
- Pinturas de colores

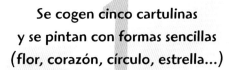

Se cogen cinco cartulinas y se pintan con formas sencillas (flor, corazón, círculo, estrella...) **1**

El duende, es decir, aquel o aquella que va a realizar el experimento, mira uno de los dibujos con atención **2**

Otro participante cierra los ojos y se concentra en lo que está viendo el duende **3**

Se prueban varias veces y se apuntan los aciertos. Luego se cambia de duende **4**

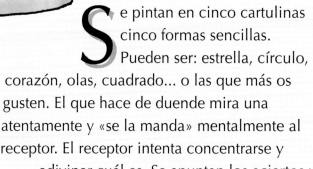

Se pintan en cinco cartulinas cinco formas sencillas. Pueden ser: estrella, círculo, corazón, olas, cuadrado... o las que más os gusten. El que hace de duende mira una atentamente y «se la manda» mentalmente al receptor. El receptor intenta concentrarse y adivinar cuál es. Se apuntan los aciertos y al cabo de un rato se cambia de duende.

# 16. El cacareo de Peter

## ¡El escondite de la gallina!

**1** Se escriben los nombres de todos y se meten en una bolsa

### Necesitas...

- Papel y boli
- Una bolsa

**2** Los demás se esconden

**3** El que la liga (Peter) les busca

**4** Cuando Peter ve a uno cacarea. Éste le sigue y le ayuda buscar. Cuando están todos, se nombra un nuevo Peter

Ésta es una variante del clásico juego del escondite. Se escriben los nombres de todos en unos papelitos, se saca un papel y el que haya salido apuntado será Peter y la ligará. Los demás se esconden y Peter los busca. Cuando encuentra a alguien cacarea, y el encontrado se une a Peter en la búsqueda. Cuando están todos, se nombra un nuevo Peter sacando otro papel.

# 17. Cuéntame un cuento

## ¿Dónde vas, Caperucita?

### Necesitas...

- Un cuento
- Ropa vieja
- Cartulina, tijeras, pinturas y pegamento

**1** Se reparten los personajes del cuento

**2** El organizador reparte el vestuario

**3** Se ensaya el cuento para que todo salga bien

**4** Se representa el cuento

Se reparten los personajes del cuento entre los participantes. Si hay más que en el cuento, se pueden inventar algunos: un pájaro que avisa a Caperucita, una nube que llueve sobre el lobo... Se reparte el vestuario, que se puede hacer con cartulinas y ropa vieja: capa roja para Caperucita, gafas para la abuela, careta para el lobo, fusil de juguete para el cazador... Se ensayan las distintas escenas del cuento para que todo salga bien. Se representa el cuento. Y colorín colorado, este juego se ha acabado.

# 18. El conejo no está aquí

## ¡La canción del conejo!

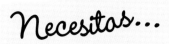

### Necesitas...

- Cartón
- Tijeras
- Una diadema

El protagonista de la fiesta se coloca unas orejas de conejo de cartón. Si hace muecas de conejo se lo pasará mejor, aunque al principio da un poco de vergüenza **1**

El resto de los invitados forman un corro y cantan la canción del conejo **2**

Mientras el corro termina de cantar la canción, el conejo elige a su preferido entre los amiguitos **3**

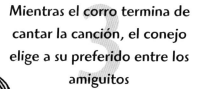

Mientras el invitado de honor se pone unas orejas de conejo de cartón, que hay que intentar que no recuerden a las de burro, el resto de los niños forman un corro. Empiezan a cantar la canción del conejo, que es así:

*«El conejo no está aquí / se ha marchado esta mañana / a la hora de dormir..».*

El conejo entra en el corro y sigue la canción:

*«Chin, Pum, iya está aquí !».*

El conejo elige a uno de los niños y se pone a bailar frente a él. Todos cantan entonces:

*«Haciendo reverencias, / con cara de vergüenza, / tú besarás / a quien te guste más...».*

El conejo le da un beso y le pone las orejas. El elegido pasa a ser el nuevo conejo y el juego continúa mientras nos siga dando risa.

# 19. ¿Quién es el héroe?

## ¡Sin hablar lo has de adivinar!

### Necesitas...

- Papel
- Bolígrafo

**Se forman dos grupos de niños**

**En secreto un grupo elige el nombre de un superhéroe o de cualquier personaje de película**

**Se le dice el nombre a un participante del otro equipo**

Lo primero es hacer dos equipos. Se puede sortear con papelitos con el nombre escrito, jugando a los dedos o eligiendo dos capitanes que seleccionen sus equipos. Un equipo se reúne en secreto secretísimo y elige el nombre de un personaje de película, superhéroe o malísimo. Un participante del otro equipo se acerca y, sin que su equipo se entere, le decimos el nombre. En un tiempo determinado tiene que explicar, sólo con gestos, dicho nombre a su equipo. Gana el equipo que más personajes acierte.

**Sólo con gestos, sin hablar nada, nada, intenta explicar a su equipo el nombre**

# 20. Tira del mamut

## ¡El juego de la soga!

**1** Se construye un mamut de cartón

### Necesitas...

- Cartón
- Pinturas
- Tijeras
- Pegamento
- Tiza
- Una cuerda

**2** Se pega en el medio de una cuerda larga y resistente

**3** Se hacen dos equipos y cada uno tira de un extremo de la cuerda

Se pinta bien pintado un mamut en un cartón. Una vez que parezca un elefante peludo en vez de un ratoncillo, lo recortamos y lo pegamos en medio de una cuerda. Mejor que sea larga y resistente. Se marca una línea en el suelo con tiza y se hacen dos equipos. Cada uno sujeta un extremo de la cuerda y los dos equipos se ponen a tirar a la vez. El equipo que consiga hacer entrar al mamut en su terreno gana.

# 21. Fútbol-chap

## Necesitas...

- Chapas de refresco sin abollar
- Fotos o cromos de futbolistas
  - Tijeras
  - Pegamento
  - Cera de vela
  - Cartón y pinturas
    o un palo
  - Un garbanzo

## ¡Gooool!

Se juntan un
montón de chapas

De unos cromos o de fotos de
prensa recortamos las caras de
nuestros jugadores preferidos

Pegamos las fotos en el interior de las
chapas. Si queremos que pesen más,
podemos rellenarlas antes con cera

Se disponen los equipos
en el campo y... ¡a jugar!

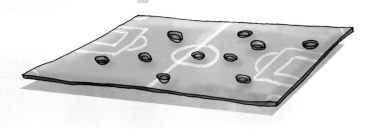

Se reúnen 22 chapas para los dos equipos. También podemos hacer jugadores para el «banquillo». Recortamos las fotos de nuestros jugadores preferidos de cromos o de la prensa deportiva (asegúrate de que papá ya la ha leído). Las fotos tienen que caber en las chapas, y mejor que sean sólo de cara para que se vean bien. Pegamos las fotos en el interior de las chapas. Si queremos que pesen más, podemos rellenarlas antes de cera. Pintamos el campo en un cartón grande o con un palo en la tierra. Cada equipo puede desplazar un jugador a la vez impulsándolo con un golpecito o «toba» del dedo índice. El que consigue meter el garbanzo-balón en la portería contraria mete ¡¡¡GOOOOL!!!

# 22. Baile de los colores

## ¡Somos el arco iris!

**Cortamos dos cintas de color para cada participante**

1

**Necesitas...**

- Cintas de colores
- Tijeras
- Un radiocasete o reproductor de CD
- Cintas o CD's de música variada

**En círculo probamos los movimientos que podemos hacer con las cintas**

2

**Ponemos música**

3

**Empezamos a bailar la danza del arco iris**

4

Para bailar la danza del arco iris necesitamos cintas de colores brillantes. Cortamos dos cintas para cada participante; cada una de las cintas debe medir unos dos metros de largo. Nos colocamos en el centro de la habitación, en círculo, y probamos los distintos movimientos que podemos hacer en el aire con las cintas. Ponemos una música adecuada para la danza que vamos a hacer y… ¡empieza el baile!

# 23. El «casting»

## ¡Viva la fama!

### Necesitas...

- Textos de teatro o de cuentos
- Una lámpara
- Muebles y telas para decorar el plató
- Una cámara de vídeo

**1** Se reparte a cada aspirante a la fama un pequeño texto en un papel

**2** Cada uno se lo aprende de memoria

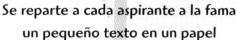

**3** Se va llamando a los participantes a escena

**4** Si grabamos las pruebas en vídeo podemos verlas juntos y reírnos un montón

El juego del *casting* requiere una pequeña preparación. Hay que seleccionar textos de acuerdo a la edad y capacidad de los pequeños intérpretes. Se reparte a cada uno su papel (puede ser unos días antes o el mismo día). Preparamos el plató con un lámpara dada la vuelta para hacer de foco, unas cortinas, algún mueble... Llamamos de uno en uno a los participantes y... ¡a actuar! Si podemos grabar en vídeo las pruebas nos reiremos mucho viéndolas todos juntos.

# 24. El jardín de la alegría

## ¡Bailemos juntos!

### Necesitas...

- Unos cuantos amigos
- Buena memoria para aprender la canción

**1** Se hacen dos filas de niños dejando un pasillo en medio

**2** Un niño baila en el pasillo mientras canta la canción del jardín de la alegría

**3** El bailarín elige a uno de un lateral del pasillo y sigue cantando

**4** Los dos bailan juntos cogidos del brazo

Se forman dos filas de niños, dejando un pasillo en medio de ellos. Uno de los niños entra bailando al pasillo mientras canta:

«Al jardín de la alegría / quiere mi madre que vaya».

Se para frente al jugador que prefiera y canta:

«A ver si me sale un novio / lo más bonito de España».

Los dos bailan del brazo por el pasillo y todos cantan:

«Vamos los dos, los dos, los dos, / vamos los dos en compañía /

«vamos los dos, los dos, los dos, al jardín de la alegría».

El primer jugador se pone en una de las filas y el elegido empieza de nuevo el baile.

# 25. El hipnotizador

## ¡Mírame fijamente!

Pídele a mamá ropa vieja y haz un disfraz de mago

**1**

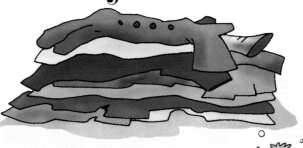

## Necesitas...

- Ropa vieja para hacer un disfraz
- Mucha imaginación

Por turno cada uno va a hipnotizar a los demás. Se pone el disfraz y hace unos pases magnéticos

**2**

Vas sacando a cada uno de los dormidos y mandándoles hacer cosas graciosas

**3**

Ten cuidado con lo que mandas, porque después te tocará a ti ser hipnotizado

**4**

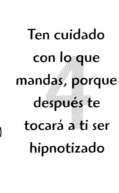

El juego del teatro hipnotizado es muy sencillo. Sólo hay que conseguir un disfraz de mago; para ello, podemos pedirle a mamá ropa vieja y fabricarnos uno. Por turno, cada uno de los participantes hace de mago hipnotizador. Hacemos unos pases mágicos y todos quedan hipnotizados. Si, como es normal, no tienes poderes hipnóticos, lo mejor es que todos se hagan los dormidos. Total, luego van a hacer ellos de hipnotizadores... Hay que inventar cosas divertidas para mandarles hacer a los hipnotizados; pero cuidado, después te tocará a ti estar... ¡hipnotizadooooo!

# 26. El payaso equilibrista

## ¡Que me caigooo!

### Necesitas...

- Ropa vieja
- Pinturas de cara
- Una cuerda

**1** Lo primero es que todos nos vistamos de payasos. Esto en sí ya es un juego muy divertido al que hay que poner imaginación

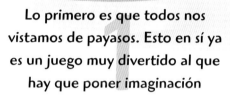

**2** Nos dividimos en parejas

**3** Ponemos una cuerda dando vueltas por el suelo

**4** Mientras un payaso recorre el proceloso abismo el otro intenta hacerle reír para que se caiga

Los participantes se disfrazan de payasos y se dividen en parejas. En el suelo se extiende una cuerda formando un camino (hay que tener en cuenta la edad de los participantes y que hay que recorrerlo a la pata coja). Uno de los payasos intenta recorrer el camino sin caerse de la cuerda que cruza el «abismo», mientras su pareja intenta hacerle reír para que no lo consiga. Luego se invierten los papeles. Pueden jugar todas las parejas a la vez (con diferentes cuerdas) o hacerlo por turnos, con los demás sentados en el suelo y dando palmas.

# 27. Mariposa busca flor

## ¿Dónde está esa florecita?

Necesitas...

- Tela vieja
- Cartón
- Pinturas
- Papel
- Una caja

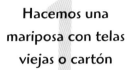

Hacemos una mariposa con telas viejas o cartón

**1**

Dibujamos tantas flores como participantes y las metemos en una caja

**2**

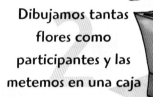

Se sortea quién es la mariposa

**3**

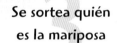

La mariposa tiene que perseguir a los demás y darles su retrato de tela o cartón

**4**

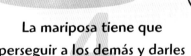

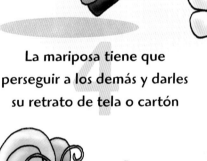

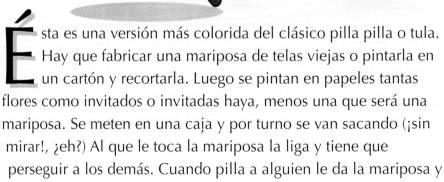

É sta es una versión más colorida del clásico pilla pilla o tula. Hay que fabricar una mariposa de telas viejas o pintarla en un cartón y recortarla. Luego se pintan en papeles tantas flores como invitados o invitadas haya, menos una que será una mariposa. Se meten en una caja y por turno se van sacando (¡sin mirar!, ¿eh?) Al que le toca la mariposa la liga y tiene que perseguir a los demás. Cuando pilla a alguien le da la mariposa y el atrapado se convierte en perseguidor o perseguidora.

# 28. El director de orquesta

## ¡Tatatachannnn!

**Por sorteo un niño o niña es nombrado director de orquesta. Luego se cambiarán**

## Necesitas...
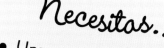
- Una rama, pajita o lápiz para la batuta del director

**El que hace de director coloca a los demás según los sonidos de cada uno**

**Cada uno se inventa un sonido. Cuanto más raro sea, resultará más divertido**

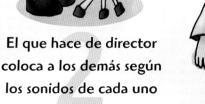

**El director va señalando a los músicos y éstos hacen su sonido. Hay que conseguir una bonita melodía**

Se elige un director, aunque si nos divierte el juego todos pueden serlo por turnos. Los demás se inventan cada uno su sonido. Cuanto más raro sea, más divertido. El director coloca a los músicos según el sonido que se hayan inventado para formar una orquesta de primera fila, algo sinfónico-melódico-superespacial. Va señalando a los músicos de uno en uno con su batuta y éstos hacen su sonido. Intenta conseguir una bonita melodía o, por lo menos, pasarlo lo mejor posible.

# 29. Baile del color

## Necesitas...

- Cartulina de colores y tijeras para recortar las tarjetas
- Globos de colores
- Imperdibles
- Un radiocasete o reproductor de CD
- Cintas o CD's de música variada

## ¡Captura tu globo!

A cada uno de los participantes se le sujeta con una tarjeta de un color

Se pone música y todos bailan alrededor del montón de globos

Se para la música y se dice un color. El niño que tenga ese color tiene que coger su globo

Se da a cada niño una tarjeta con un color. Se inflan tantos globos como tarjetas se hayan dado a los participantes. Los colores de los globos y de las tarjetas deben coincidir. Todos se ponen en corro alrededor del montón de globos; se pone música y todos bailan. Cuando se quita la música, se dice un color y el niño que tenga la tarjeta de ese color tiene que coger su globo. Dependiendo de la edad se pueden pedir prendas al que se despiste.

**CUIDADO CON LOS GLOBOS EXPLOTADOS O SIN INFLAR, PUEDEN PROVOCAR ASFIXIA SI POR DESCUIDO LOS METEMOS EN LA BOCA**

# 30. Palillos chinos

## ¡No movel palillo!

1. Conseguimos 30 palillos de los de hacer brochetas de carne

Necesitas...

- 30 palillos
- Pintura negra, roja, verde y amarilla
- Un pincel

2. Pintamos los extremos de los palillos de colores

3. Dejamos caer los palillos en el suelo o en una mesa

4. Con ayuda del palillo negro, hay que sacar la mayor cantidad posible de los demás, de uno en uno y sin mover el resto

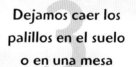

Este juego, que proviene de la antigua China, aunque allí los palillos eran de marfil y estaban delicadamente tallados, es muy divertido. Se cogen 30 palillos de hacer brochetas y se pintan los extremos de colores: 1 negro, 3 rojos, 9 verdes y 12 amarillos. El negro vale 10 puntos y, si lo sacas, puedes usarlo para apartar los demás. Los rojos valen 5, los verdes 3 y los amarillos 1. Se dejan caer los palillos suavemente sobre el suelo o sobre una mesa y se intentan sacar de uno en uno sin mover los demás. Cada participante juega por turno hasta que mueve el montón. Al final se suman los puntos y el que tiene más, gana.

# 31. La persecución

## ¡Vaya historia!

### Necesitas...

- Un montón de amigos
- Mucha imaginación

**1** Se sortea el lugar donde nace la historia

**2** Al que le ha tocado empieza a contar una historia; por ejemplo, de indios y vaqueros

**3** Se para y el que está a su lado continúa la historia

Los participantes se sientan en círculo y se sortea el lugar donde nace la historia. Puede ser sacando cada uno un número de dedos estirados. Se cuentan y luego se cuenta a los participantes. A quien le toque empieza. El que empieza comienza a contar una historia, por ejemplo, del salvaje Oeste. Luego se calla y le cede el turno al que está a su lado o a cualquier otro que señale. El señalado continúa la historia y luego señala a otro. Y así sucesivamente. Salen historias muy divertidas.